公安院校实验实训课程系列教材

U0369912

Fanzui Xianchang Zhitu
Shixun Zhidao

犯罪现场制图
实训指导

主　编　闫志伟　王树峰

副主编　刘　泽　郝小辉

撰稿人　闫志伟　王树峰　刘　泽

　　　　郝小辉　安美玲　巨爱焕

北京大学出版社
PEKING UNIVERSITY PRESS

图书在版编目(CIP)数据

犯罪现场制图实训指导/闫志伟,王树峰主编.—北京:北京大学出版社,2016.9

(公安院校实验实训课程系列教材)

ISBN 978-7-301-27505-4

Ⅰ.①犯…　Ⅱ.①闫…②王…　Ⅲ.①犯罪现场—制图—高等职业教育—教材　Ⅳ.①D918.4

中国版本图书馆 CIP 数据核字(2016)第 216349 号

书　　　名	犯罪现场制图实训指导
著作责任者	闫志伟　王树峰　主编
责 任 编 辑	罗　玲
标 准 书 号	ISBN 978-7-301-27505-4
出 版 发 行	北京大学出版社
地　　　址	北京市海淀区成府路 205 号　100871
网　　　址	http://www.pup.cn
电 子 信 箱	law@pup.pku.edu.cn
新 浪 微 博	@北京大学出版社　@北大出版社法律图书
电　　　话	邮购部 62 52015　发行部 62750672　编辑部 62752027
印 刷 者	北京大学印刷厂
经 销 者	新华书店
	650 毫米×980 毫米　16 开　15 印张　188 千字
	2016 年 9 月第 1 版　2017 年 7 月第 2 次印刷
定　　　价	30.00 元

主 编 简 介

闫志伟，女，1980 年出生，2009 年毕业于山西医科大学法医学专业。甘肃警察职业学院刑事侦查系禁毒教研科讲师，从事"毒品基本知识""毒品犯罪案件侦查""毒品检验与鉴定""现场绘图"等课程的教学和科研工作。工作以来，多次被甘肃警察职业学院、甘肃省公安厅评为优秀教师、优秀公务员。先后发表论文多篇，主编教材 1 部，参编教材 2 部。

王树峰，男，1966 年出生，1988 年毕业于中国人民警官大学通讯专业。现任甘肃警察职业学院刑事侦查系副主任，副教授，从事"计算机基础""公安信息化""电子物证技术""视频侦查技术"等课程的教学和科研工作，此外，还从事电子数据鉴定等方面的办案工作。工作以来，多次被甘肃警察职业学院、甘肃省公安厅评为优秀教师、优秀党员、优秀公务员。先后发表论文多篇，主编教材 3 部，参编教材 2 部。

前　　言

　　现场绘图是现场勘验记录的一个组成部分,也是案件起诉和审判、定罪量刑的一种证据。现场绘图克服了现场照相和现场录像无法任意选择视点和拍摄角度的局限性,可以根据案件的需要灵活地设定视点;克服了现场照相中景深与光影的影响,还能排除杂物的干扰,能够计算出物体以及物体之间关系的准确数据,对于恢复现场以及现场图发挥证据作用有非常重要的意义。

　　刑事案件现场绘图是借助工程建筑、地理测绘、城市规划以及绘画透视等制图的方法和原理形成的一门综合制图技术。它不仅要求现场制图人员熟练掌握相关的制图技巧,还要求其他侦查人员对相关的绘图原理有所了解,这样才能更快速、准确地审查识别现场绘图,使现场绘图在侦查过程中真正发挥作用。

　　为了更好地加强实践性教学,笔者结合当前公安执法办案的实际情况特编写《犯罪现场制图实训指导》一书。本书主要介绍了采用AutoCAD绘图软件绘制现场平面图、现场平面展开图、现场方位图、汽车案件现场图、野外案件现场图、现场综合图等的方法。

闫志伟

2016 年 4 月 25 日

目 录

第一部分　基 础 知 识

第一节　现场绘图的基础知识

一、现场绘图的概念

现场绘图,是指侦查人员运用制图学的原理和方法,借助各种图形、符号和文字说明,对犯罪现场的状况进行的平面复制。现场图是犯罪现场勘查记录的重要组成部分,是犯罪现场勘验、检查笔录的重要补充,是一项重要证据材料,必要时可以利用其重建现场。

二、测绘现场图的基础知识

(一)测绘现场图的工具与用品

1. 指南针:用来测试现场的方向。

2. 测量工具:钢卷尺、皮尺、测绳(直径 0.3～0.5 cm,一般都是 30 m 或 50 m 长,适用于室外大面积现场使用)等。

3. 绘制工具:

绘图板,有不同的规格,大小可根据需要选购;木质椴木为好,也可以使用其他平滑模板代替;四角必须均为直角。绘图板不可用水洗刷或在日光下暴晒。

比例尺,又名三棱尺,是用来放大图中线段和缩小实际长度的工具。

曲线尺、曲线板(云形尺),主要用来描绘非圆曲线。

量角器(分度器),主要用来测量角度。

三角板,主要用来测量物体的角度和长度。

丁字尺,是画水平线和垂直线使用的工具。使用丁字尺必须沿图板左边缘上下移动,不得在图板各边移动,以避免图板四角不成垂直时,出现画线不准确的情况。

圆规,是画圆形与弧形使用的工具。

分规,是截量长度和等分线段的工具。

绘图笔,测绘现场常用的绘图笔有铅笔和绘图水笔等。

橡皮和小刀,主要用于切削绘图笔和擦拭错误笔迹。

4. 纸张:一般制图纸、描绘纸和计算纸。

5. 墨水:碳素墨水、绘图墨水。

(二)测绘现场图常用的图线

图线是绘画造型最基本的形式之一。

1. 实线。

粗实线(见图1-1),宽度约为0.4~1.2 mm,通常用于画建筑物外形轮廓厚度或桥梁、公路、铁路线等。

图 1-1 粗实线

中实线(见图1-2),宽度约为0.4~0.6 mm,通常用于画门窗、台阶、桌、椅等物。

图 1-2 中实线

细实线(见图1-3),宽度约为0.4 mm,通常用于尺寸线及引出线等。

图 1-3 细实线

2. 折断线(见图1-4)。宽度约为0.4 mm,通常用于长物体的面断开线。

图 1-4　折断线

3．虚线（见图 1-5）。宽度约为 0.4 mm，通常用于画不可见部分的轮廓线。

图 1-5　虚线

4．尺寸线（见图 1-6）。宽度约为 0.4 mm，通常用于表明物体的尺寸、大小。

图 1-6　尺寸线

5．引出线（见图 1-7）。通常用于文字说明，文字说明的宽度约为 0.4 mm，数字或文字一律写在横线上面。

文字说明

图 1-7　引出线

6．标高线（见图 1-8）。宽度约为 0.4 mm，通常用于标明物体的高度，文字写于横线上。标高数字一律以米为单位，一般注至小数点以后的第二位。

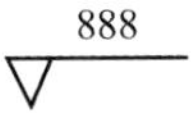

888

图 1-8　标高线

7．点线（见图 1-9）。宽度约为 0.4 mm，通常用于画物体之间的距离和行走的路线。

图 1-9　点线

（三）测绘现场图图例及图例说明

现场图的图例符号（见图 1-10、图 1-11），是实际物体的简化和缩写，是一种共同的形象语言；是结合侦查工作的实际需要，依据国家现行的有关制图标准，借鉴军事、交通、建筑等部门的有关资料综合而成。应尽力采取既简单又明确、形象的图例符号，使其通俗易懂，进一步实现规范化和通用化。

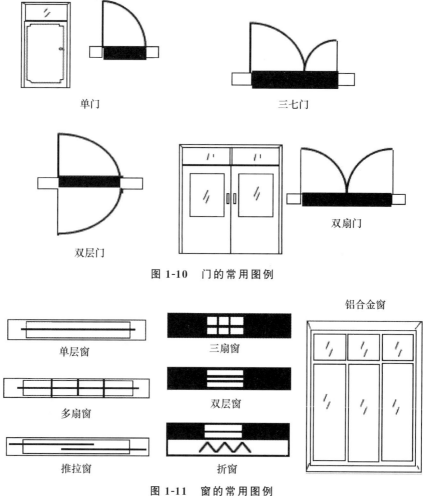

图 1-10 门的常用图例

图 1-11 窗的常用图例

在侦查实践中所遇到的描绘对象十分复杂，且随着时间的推移会出现各种变化，不可能将各种图例符号完全穷尽。如果无现成图例可用，可以临时设计形似该物体的一些图例符号，并加以文字说明（见图1-12）。

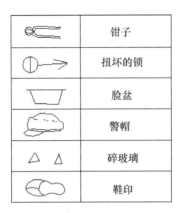

	钳子
	扭坏的锁
	脸盆
	警帽
	碎玻璃
	鞋印

图1-12　图例文字说明

（四）测绘现场图的方法

为了绘制出适用的现场图，可根据现场的具体情况，结合案件性质和工作需要，灵活运用测量的方法。

1. 目测法

目测法，是根据目测者个人的视力情况，凭借经验，或依据已知长度的物体作为参照物来目测出大致的距离。

这种方法准确性一般不高，适用于绘制示意图测距。

2. 步测法

步测法，是以人的步幅的长度乘以步数测定距离。一般来说，在测量室外近距离时，如果对测量数据要求并不严格，按通常步行速度、步幅长度进行步测，可获得近似数值。

这种方法也只能做到大致准确，适用于绘制示意图测距。

3. 尺测法

尺测法，是用皮尺、钢卷尺等直接测量房屋、房间、物体、痕迹的长度、宽度、高度，门窗、家具的尺寸以及痕迹、物品之间的距离。

现场图就是用来固定物体和证据在现场中的位置的,精确和准确至关重要。

室内现场,通常利用墙基线作为坐标线,分别测出各种需要反映入图的物体、痕迹等与纵、横墙基线的距离,定位后再按一定比例缩小移入图纸。

室外现场,可在其中心点拉上两条皮尺或绳索构成坐标线,然后将此坐标线移入图纸,再逐个测量要绘入的物体、尸体、痕迹在坐标上的确切位置,用图例画出来。

4. 手臂测量法

人两个手臂张开的长度通常与其本身的身高大致相同,可以用此方法来测量现场。

5. 棍测法

在犯罪现场随便找一根木棍,测出现场的距离是多少个木棍的整数倍数,并把最后剩余的一段距离的长度在木棍上标记出来,过后测出木棍和标记的长度,通过计算就可以得出准确的结果。

(五) 常用的具体测绘方法

1. 直角坐标法(见图 1-13)

直角坐标法常用于确定室内现场的物品和证据的具体位置。选择两毗连的墙作为坐标系,然后测量物品到这个坐标系的垂直距离以确定该物品的方位。

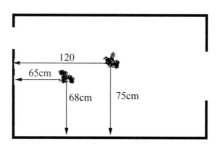

图 1-13　直角坐标法

2．基线测绘法（见图 1-14）

基线测绘法是在两个固定点之间划一条直线作为基线。测量各现场物品与该基线之间的垂直距离，并从基线的两固定点分别测量到垂足的距离。

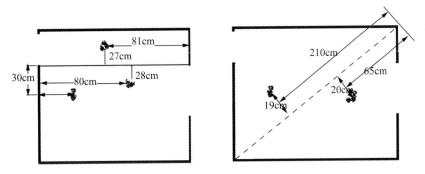

图 1-14　室外现场基线测绘法

3．三角测量法（见图 1-15）

三角测量法是指由两个固定物体与物证之间构成一个三角形，即物证在现场的位置关系，由两条从固定点到物证的直线形成的夹角、两个固定点与证据物品所构成的一个三角形来表示。三角测量法通常用于绘制室外现场图，但有时也用来绘制室内现场图。

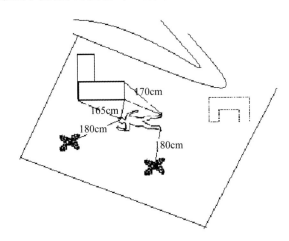

图 1-15　三角测量法

固定点与证据的位置所形成的三角形的角度,可以用量角器测量。固定点可以选择永久性很强的物体,诸如建筑物的门洞、电缆线、门柱以及建筑物的轮廓等。

三、现场图的特点

(一)现场图可以比较直观地反映犯罪现场的整体空间

现场图不受空间的形状、体积和面积大小等的限制,可以把现场的整体空间以及这一空间内的各种物体的状况清楚地反映在图纸上。现场方位、全貌、局部图能清楚地反映犯罪现场所处的位置和周围环境、现场内部状况和某个局部状况,通过现场图可以对犯罪现场整体空间有全面、具体的了解。现场图的直观性和反映现场整体空间的作用,是现场笔录和现场摄影无法比拟的。

(二)现场图可以形象具体地反映犯罪痕迹、物品的实际状况

现场图可以反映犯罪痕迹、物证以及犯罪现场某些物品的大小、形状、位置和距离。由于现场图可以用平面图、立体图、示意图、比例图等多种多样的方法表示,所反映的犯罪痕迹、物品非常形象具体。只要按照比例尺的比例标准,就可以清晰反映犯罪现场的空间结构和现场内犯罪痕迹、物品的大小、长短以及它们所在的位置、相互间的关系,这是现场照相和录像难以准确表现的。

(三)现场图可以清楚地反映犯罪现场与犯罪现场、犯罪现场与环境之间的相互关系

某些刑事案件会出现两处或两处以上的犯罪现场,如果多个犯罪现场之间距离较近,可以把几处现场通过一张照片反映出来。如果多个现场之间距离较远,空间范围很大,运用照相方法就很难把这个空间的所有景物反映出来。但是,现场图可以不受实际视角和范围的限制,能将多个现场的位置和具体状态反映在一张图纸上。这样就可以非常清楚地看出几处现场的环境及其位置关系,这也是现场图的一个明显优势。

（四）现场图对恢复火灾和爆炸案件现场的原貌有特殊的表现力

火灾、爆炸案件现场中的建筑物和犯罪痕迹、物品一般会受到不同程度的破坏，现场勘验人员看到的往往是已经发生过严重变动和破坏的现场。为了研究作案手段和过程，就需要了解起火或爆炸前的现场原貌，这仅靠现场勘查记录、现场照相、现场录像很难表现，而通过绘图的方式则可以满足这种需求。现场制图人员利用现场访问和现场勘验工作中获得的信息资料，绘制现场复原图来重现起火、爆炸前的现场原貌，有利于分析起火、爆炸的原因和现场当时的原始状态。

第二节　现场图的种类

现场图根据不同的标准可以分为不同的种类。

一、根据范围与内容区分

根据现场图的范围与内容不同，可分为现场方位图、现场概貌图、现场局部图和现场特写图。

1. 现场方位图

现场方位图是用来表现现场场所所在位置与周围环境相互关系的现场图，其可以表明犯罪现场的确切位置、朝向，表明来去犯罪现场的道路，表明犯罪现场各重要物体的位置及相互关系（见图 1-16）。现场方位图主要不是反映现场本身的情况，而是反映现场在周围环境中的位置，反映现场和与本案有关联的其他场所、遗留痕迹、物证的地点间的关系，反映犯罪行为人进出路线和方向等。如果同一案件有几处现场，绘制时要弄清各个现场的位置和它们之间的关系，最好用一张图表示出来。由于现场方位图通常反映的范围较大，测量难度较大,可以借用地图或带单位的地形图等作为绘制现场方位图的基础。

"8·8"××村北杀人案现场方位图

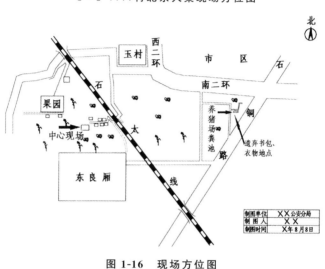

图 1-16 现场方位图

2. 现场概貌图

现场概貌图是以整个犯罪现场为表现内容,反映现场内部全面情况的一种现场图。其是用来表现现场内外部总体结构、现场物品、痕迹、物证间的相互关系的现场图(见图 1-17)。绘制现场概貌图时要以案发地点为中心,以犯罪行为人活动的范围为界限,把犯罪行为人的活动空间、犯罪遗留下的痕迹、物证以及它们相互间的位置关系等反映清楚。

3. 现场局部图

现场局部图是表现犯罪现场中的重点部位或重要地段的情况以及痕迹、物证的遗留位置与环境的相关关系的一种现场图,其可以表明与犯罪行为直接关联的重要物体的空间关系、内部构造、痕迹与物证分布等内容(见图 1-18)。

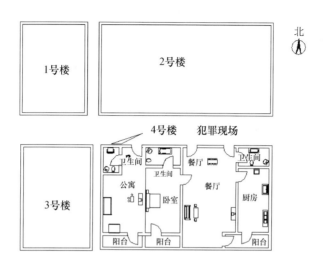

图 1-17 现场概貌图

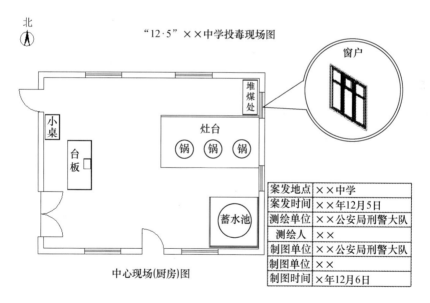

图 1-18 现场局部图

4．现场特写图

现场特写图是用来表现痕迹、物证表面状况及细节特征的现场图（见图 1-19）。

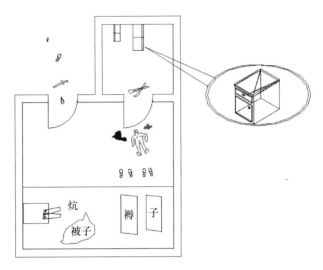

图 1-19　现场特写图

二、根据表现形式区分

根据现场图的表现形式不同，可分为现场平面图、现场立体图、现场综合图和现场分析图。

1．现场平面图

现场平面图是以平面的形式来反映现场方位，重点部位情况，现场上的各种物体、痕迹的形态、位置以及相互关系等。

该图是以平行垂直投影原理和方法绘制的一种水平俯视图，将犯罪现场中的房屋和各种重要物体、痕迹、物证及相互间的关系均以平面的形式标明在图纸上。该图具有简练、清晰的特点。

（1）根据现场图的表示方法和要求不同，现场平面图可分为现场平面示意图、现场平面比例图、现场平面展开图和现场比例示意结合图。

　　现场平面示意图是凭观察的大致情形不按比例而绘制的一种现场图,这种图容易绘制,在实际工作中最为常用。在绘制过程中,对于重要物体的距离、痕迹的大小和尺寸等,可在相关物体、痕迹边上用实际数字加以标明(见图1-20)。

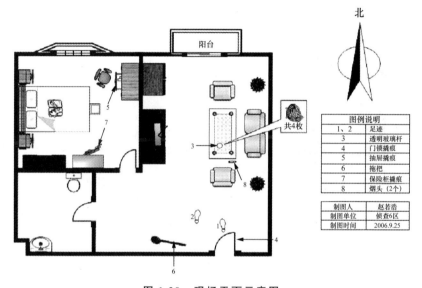

图1-20　现场平面示意图

　　现场平面比例图是一种严格按照一定的比例进行绘制的现场图。按比例绘制的现场图可以准确表明重要物体的位置,痕迹、物证及相关物体的距离等内容(见图1-21)。

　　现场平面展开图是综合运用水平投影与垂直投影原理和方法,在现场平面图的基础上,展示犯罪现场其他几个立面或顶面情况的一种现场图。必要时可以按照需要,只展开其中一至二个与犯罪痕迹、物证有关系的立面或顶面,它是一种特殊的现场平面图(见图1-22)。

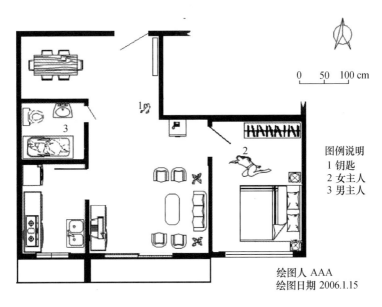

图 1-21 现场平面比例图

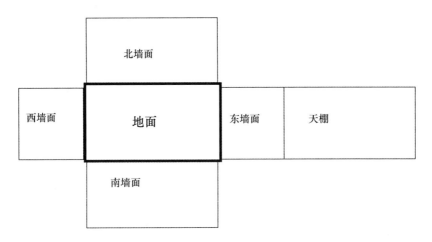

图 1-22 现场平面展开图

现场比例示意结合图主要是根据需要和制作的方便,对现场中心部位、重点部位和较大的物体按比例绘制,而对现场外围和现场的尸体、痕迹、物品等不按比例绘制,只需要按规定的图例或用符号标示出来即可(见图 1-23)。

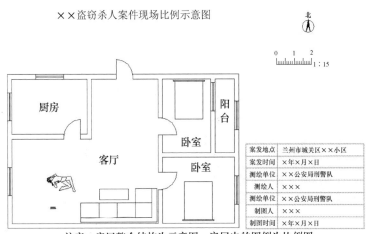

注意:房屋整个结构为示意图,房屋内的图例为比例图

图 1-23 现场比例示意结合图

(2)根据现场图的内容,现场平面图可分为现场方位平面图和现场中心平面图。

现场方位平面图是用来表示犯罪现场的位置及周围环境的一种平面图。现场方位平面图应表明犯罪现场的确切位置和朝向,表明实施犯罪的路线和方向,表示犯罪客体各重要物体的位置及相互空间关系(见图 1-24)。

现场中心平面图主要用于展示犯罪现场内部各重要物体、痕迹、物证的位置及相互之间的位置关系,是基层公安机关最常使用的一种现场图(见图 1-25)。

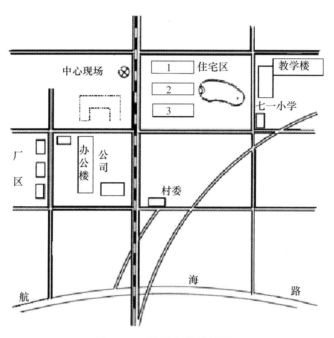

图 1-24　现场方位平面图

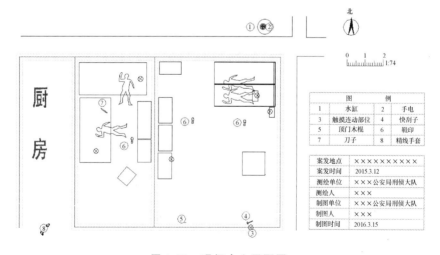

图 1-25　现场中心平面图

2．现场立体图

现场立体图是以中心投影原理和方法将犯罪现场中的重要物体

和痕迹、物证的空间位置、结构反映出来的一种现场图。它以立体的形式,从立面、侧面和平面三个方面表示现场中的物体、痕迹所在的位置、状态及其相互关系(见图 1-26、图 1-27)。

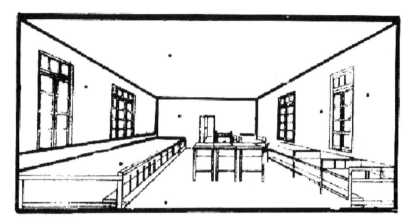

图 1-26　现场立体图

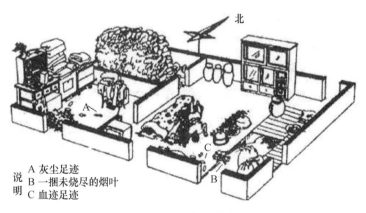

说明　A 灰尘足迹
　　　B 一捆未烧尽的烟叶
　　　C 血迹足迹

图 1-27　现场立体图

立体图真实感强,同时反映物体多面之间的联系,比较接近现场状态,适合人的视觉习惯要求,生动形象。它可以采取多种视点进行绘制,所表现的画面各不相同。但立体图绘制难度较大,要求较高,需要有一定程度的透视理论基础和绘画功底,且费时费力。随着计算机技术的不断发展,出现了许多专业的现场制图软件,利用计算机绘制现场立体图大大提高了工作效率，也使绘制立体图变得更为简单易用。

3．现场综合图

现场综合图是综合运用多种现场图表现现场的状况，主要由现场方位图、现场平面图、现场平面展开图、现场立体图、现场剖面图等组成（见图 1-28）。

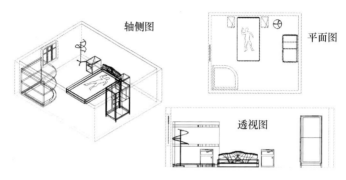

图 1-28　现场综合图

4．现场分析图

现场分析图是为了分析解决犯罪现场勘查过程中的某一问题而绘制的一种现场图。它可以不受表现形式的束缚，以任何一种形式呈现（见图 1-29）。

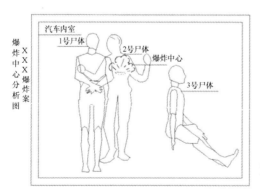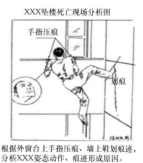

图 1-29　现场分析图

三、根据绘图角度区分

根据绘图的角度不同,可分为现场正面图、现场侧面图和现场剖面图。

1. 现场正面图

现场正面图是以现场上部或能反映两个以上侧面的观测点为视点而绘制成的现场图,多为现场内部或外部结构的概貌图。

2. 现场侧面图

现场侧面图是以能反映现场一个侧面的观测点为视点而绘制成的现场图,多用于建筑物或者现场某一重要物品的外部侧面的描绘。

3. 现场剖面图

现场剖面图是以中心投影的原理和方法,将立体图中阻挡视线的部分删除,将中间隔有阻挡视线的障碍物的几个空间内上下左右难以看到的景象反映出来的现场图。它只反映现场内部或物体结构内部情况(见图 1-30)。

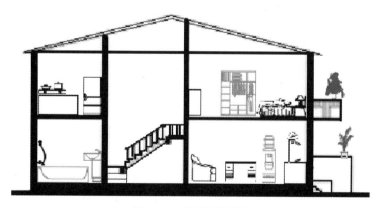

图 1-30　现场剖面图

如有的案件现场为几个房间,有的案件发生在不同楼层,痕迹与不同房间、楼层均有联系。为了反映彼此之间的联系,设想从建筑物的某一部位剖开,去掉遮挡视线的某一部分,从而暴露出现场内部的各种痕迹、物品及其联系。

四、根据绘制手段区分

根据现场图绘制的手段不同,可分为手工绘图和电脑绘图。

手工绘图是现场绘图人员根据绘图的原理,使用绘图工具手工绘制而成的现场图。

电脑绘图是现场绘图人员通过制图的计算机软件在人工操作的基础上生成的一种现场图,它具有快速、美观的特点。目前基层公安机关大多用画图板和 AutoCAD 制图软件绘制现场图,本书主要介绍 AutoCAD 制图软件的绘图方法。

第三节　现场绘图的步骤

绘制现场图是一项细致工作,不仅要熟悉现场情况、选择绘制现场图的种类、构思画面,而且要进行细致的测量和绘制,任何一道工序不准确、不细致都会影响整个现场图的准确性和规范性,因此,要严格按照现场勘验、检查制图的工序和规范进行操作。绘制现场图的步骤如下:

一、观察现场、设计现场图

绘图人员在案件现场首先要全面、细致地进行现场观察,在弄清现场环境与结构、现场物品与痕迹分布的基础上,根据自己的经验,从案件侦查与证据收集的角度出发,考虑到有利于客观、全面反映现场情况的要求,恰当地确定现场制图的种类与数量。

(1)绘制现场图前要熟悉现场情况,认真做好现场勘查,进行全面细致的观察和测量。通过观测,确定绘图内容和重点,省去与案情无关的东西。

（2）选择并确定适当的现场图种类：根据现场的位置、周围环境、建筑结构、痕迹和物品的分布，并结合具体的案件性质进行选择。

现场制图人员无论选择哪类现场图都要根据实际需要与可能，既要客观真实地反映现场状况，又不能过于复杂，应讲究实用。

（3）制订绘图计划，拟定画面结构：确定选择竖面构图还是横面构图以及画面占纸的多大面积。

构思画面时要合理地安排设计现场图所反映的内容，其中包括绘制的先后顺序，绘制内容的选择，图题、图例、方向标的位置，图的大小和比例尺等。画面设计得合理，绘制出的现场图才能既美观、协调、大方，又突出主题，能客观地反映现场状况。

（4）确定图的名称、图例说明、指北针以及局部特写的位置。

（5）现场图应该按照美观、简洁、层次分明、重点突出等要求，做好图面的安排，不能无的放矢。

二、确定方位

绘图前，先用指北针测定现场方位，把绘图纸上的方位与实际现场的方位统一起来。无论怎样移动图板，图纸上应保持：上北下南，左西右东。绘制的现场平面图的方向应与地图表示的上北、下南、左西、右东的方向一致，立面图和透视图的方向应根据现场情况确定，方向标在图纸上应朝向上方或斜向上方，绝不能出现朝下、朝左或朝右的情况。在实际工作中，制图人员在确定了方向后，一般会选择面朝北进行绘制，以避免出现方向上的错误。

方位判定方法：

1. 指北针判定方位

（1）打开罗盘仪，使方位指标"△"对准"0"；

（2）转动罗盘仪，待磁针指北端对准"0"后，此时磁针所指的方向就是北方,在方位玻璃上就可直接读出现地东、南、西、北方向。

2. 地图判定方位

有指向标的地图,按指向标的指示方向进行判断。一般指向标的指示方向指向北方。为了直观方便地进行判断,可按照箭头的指示方向,把图按照"上北下南,左西右东"的规律放置,然后再进行方位的判定。

3. 太阳与手表判定方位

(1)太阳法:在一年365天中,太阳真正从正东方向升起,从正西方向落下的日子,只有春分(3月21日)和秋分(9月23日)这两天,其他日子都不是从正东升起,从正西落下的。这是地球绕着太阳公转的同时也在自转的缘故。大体上说,春、秋两季太阳出于东方,落于西方;夏季太阳出于东北,落于西北;冬季出于东南,落于西南。根据太阳出没的位置,就能概略地判定方向。

如果带着手表,则可以根据太阳利用手表判定方位。一般地说,当地时间早晨六时左右,太阳在东方,中午十二时在正南方,下午十八时左右在西方(见图1-31)。

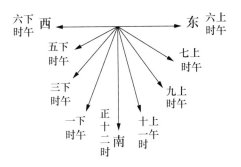

图 1-31　根据太阳利用手表判定方位

(2)手表法:先把手表放平,以时针所指时数(以每天二十四小时计算)的折半位置对向太阳,表盘上"12"这个数的指向,就是北方。为了记忆方便,编个顺口溜为:"时数折半对太阳,12 指的是北方"。以下午 18 点为例,18/2=9,9 点位置正对太阳,此时 12 点位置所指的方向为北方(见图 1-32)。

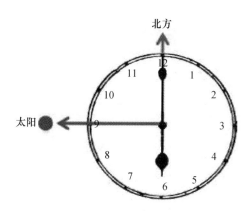

图 1-32　手表测定方位

4．北极星判定方位

俗话说："找到北极星,方向自然明"。这是有科学道理的。怎样才能找到北极星呢? 最可靠的办法是认星座。

(1)小熊星座,有七颗比较明亮的星,根据它排列的形状,人们想象它像只小熊,所以起名叫小熊星座,在小熊尾巴尖上的那颗星就是北极星。

(2)大熊星座,也有七颗比较明亮的星,排列的形状,像只大熊,也像个古代的熨斗,所以,都管它叫北斗星。因为它的形状又像盛饭的长把勺子,所以也管它叫勺子星。晴天晚上,只要举目朝北方天空一望,就能看见它,人们主要是用它找北极星。找北极星时,先顺着勺头外边两颗星的方向,划出一条假想的延长线,在相当于这两颗星之间距离的五倍处,有颗比较明亮的星,就是北极星。

5．自然特征判定方位

如果你留心观察自己驻地附近的自然征候,就会发现,有许多自然现象都能帮助我们判定方位。

(1)植物判定方位:① 树叶:树叶较密的一端为南方,反之为北方;② 年轮:树木年轮较密的一端为北方,反之为南方;③ 竹子:竹身颜色较为青绿的一面,是朝向南方,较为青黄的一面,是朝向北方; ④ 向日葵:向日葵为植物中向阳性最大者,其花体常随太阳转动,午前向东南方,午后向西南方; ⑤ 苔藓:苔藓性耐寒且需潮湿,所以苔藓聚集多的为北方,反之为南方; ⑥ 禾苗:禾苗朝南方者叶茂,花亦鲜艳,茎多为赤黄色,向北方者,大致茎青花稀。

（2）风俗习惯判定方位:建筑物多为坐北朝南;建筑物的窗户向南较多,向北较少。

6. 全球卫星定位系统(GPS)判定方位

全球卫星定位系统是一个中距离圆形轨道卫星导航系统。它可以为地球表面绝大部分地区提供准确的定位、测速和高精度的时间标准。

三、测绘现场轮廓范围

确立方位后,便应测量现场。先测量现场外围,选永久性固定的物体作参照物。使用最长的测量距离,再根据绘图的需要,确定比例,按比例勾画该区域的轮廓。接着测绘道路、内墙、门窗等,标注其位置、方向。

四、测绘现场陈设物体的位置

在现场结构测绘的基础上,以固定的结构为参照物,测绘现场陈设物体,标注其形状、位置,反映其关系。

五、测绘现场痕迹、物品、尸体等的位置

在完成上述测绘的基础上,进一步测绘现场痕迹、物品、尸体等。测绘时,准确是至关重要的。

准确地确定现场痕迹、物品、尸体等的形态和位置,必须以现场结构、陈设物品为参照物,用直角坐标法、基线法、三角测量法等方法进行测绘。

六、列出图例说明

现场图的图例,是实际物体的简化和缩写,是一种共同的形象语言。在绘图时应用的图例很多,有些是标准的、通用的,还有些不是标准通用的图例,甚至有些实物在图中按比例缩小后仅是一个点,为了准确反映现场情况,需要对图中所反映的实物用文字作进一步说明。在绘图时所使用的图例,应在图中列出并加以文字说明。

一般情况下,图例说明在图纸的右下方位置。

七、绘制现场草图

绘制现场草图是按绘图的要求,在现场绘制出现场图的初稿。草图的绘制往往和现场的观察与测绘是同步进行的,不同种类的草图绘制要求绘图人员根据现场图绘制的范围和内容,凭借绘图人员的经验,相对准确地把握现场涉及的道路、建筑及物体等之间的比例关系。

由于现场示意图本身不要求准确的比例,也没有准确的数据信息可供现场草图绘制时参考与利用,因此,在绘制现场草图时应当对现场各部分保持相对适当的比例,以避免离开现场后,仅凭草图制作现场图造成的比例失调。

现场比例图由于受到各种数据的限制,因此,在绘制时可在相对粗略的草图上注明相应的数据,这样在绘制现场比例图时就不容易造成比例失调。

八、复查核对、完善草图

复查核对也即审图。审图主要审核以下两方面内容:

(1)绘制完成现场草图之后,应对此图进行详细核对,检查所绘内容与现场原状是否一致,现场图与现场状况有无不符合、有无遗漏、有无测量不准确,图中所标示的内容是否全部清楚等。在离开现场之前,确定已将所有需要绘制在现场草图上的痕迹、物品都绘制在草图上。一旦离开现场,就不能在现场草图上添加任何内容。

(2)审核现场图的内容与现场勘验、检查笔录的有关内容是否一致,现场图有无遗漏或失误。现场图与现场勘验、检查笔录内容的一致性必须符合犯罪现场的实际情况,在审图过程中如果发现现场图与现场勘验、检查笔录的有关内容不符,应当同时审核笔录内容是否准确,不应盲目修正现场图。

草图完成后要妥善保管,以便备用备查。

审图应分两次进行,第一次是在现场草图绘制完成后,对草图进行全面、严格的审核;第二次是在绘制出现场图的"清样"之后、描墨线之前,把绘图"清样"与现场草图进行仔细对照和审核,如果一切正常,即可完成下一道工序。

九、确定比例、定稿制图

确定现场图的表示方法要解决两个问题:

(1)确定绘制现场图的种类。确定是绘制现场比例图、示意图还是比例示意结合图。按照现场勘验、检查制图的要求,现场图都应按比例绘制,因为比例图能比较准确地反映现场情况,对复原现场有重要作用。当犯罪现场范围很大,或者存在两个以上犯罪现场,其间距较大时,可以用示意图或比例示意结合图的形式表示。

(2)确定比例尺的大小。确定比例尺的大小要根据所绘制的现场的大小和图纸大小进行,一般犯罪现场方位图通常使用 1：500、1：1000、1：2000 等比例,现场局部图则常使用 1：40、1：60 等几种比例。

十、绘图

绘图的方法有手工绘图和电脑绘图。手工绘图可以按照下列顺序绘制：

（1）先描曲线，后描直线，以便于连接。

（2）先描上边，后描下边；先描左边，后描右边。这样既可防止漏描，又能避免弄脏图面。

（3）先描细线，后描粗线，细墨线容易干，不影响描图的进度。

（4）先描图面的边框，后写图的标题。

电脑绘图时可以根据所绘制的草图用 AutoCAD 软件绘制。具体绘制方法请参考本书第二部分。

十一、绘制现场图应注意的问题

（1）标明案件名称，案件发生、发现时间，案发地点，案件性质，现场图种类。

（2）完整反映现场的位置、范围。

（3）准确反映与犯罪活动有关的主要物体，标明痕迹、物证、成趟足迹、尸体、作案工具等具体位置。

（4）文字说明简明、准确。

（5）布局合理，重点突出，画面整洁，标志规范。

（6）注明测量方法、比例、方向、图例、绘图单位、绘图日期和绘图人。

第二部分 实 训 部 分

实训项目一 现 场 测 绘

一、实训目的

1. 通过现场测绘,使学生学会现场方位图、现场平面图的测绘方法。

2. 通过现场制图的训练,使学生掌握现场方位图、现场平面图、现场立体图、汽车案件现场图、野外案件现场图以及现场综合图的绘制方法,初步具备独立制作各类现场图的实际工作能力。

二、实训条件

1. 绘图工具:铅笔、橡皮、直尺、钢笔、图板、三角板。

2. 测量工具:直尺、卷尺、指北针。

三、实训方式

1. 学生以班为单位,独立完成实训。

2. 教师布置几个不同的现场,学生按照现场测绘的要求完成测绘。

3. 根据案件情况,巡视案件现场。

4. 确定绘图范围、种类。

5. 测绘现场。

6. 绘制现场图。

四、实训内容

现以现场方位图为例,介绍现场测绘的主要步骤和方法。在警校任选一处建筑物确定为犯罪现场。

1. 观察现场情况,确定现场所处的中心位置

在绘图前,制图人必须了解现场情况,确定现场各个部分的位置及周围的环境。

2. 测量

(1) 测量距离的方法:常用的方法是步测法和直线丈量法。

(2) 测量高度的方法:常用的方法是直角三角板测量法,用45°角的直角三角板找出与物体高度等距的某点,用皮尺测地面距离,即为物体高度。

(3) 测量物证与其他物体之间距离的方法:绘图时测量重点是犯罪痕迹、物证及周围的物体。对于范围较大的现场可以分片分段或者按照物体的排列顺序进行。

分片测量法:以现场中心部位为中心点,把现场分成东南西北四片,从东片开始,然后向北、向西、向南逐片进行测量。

顺序测量法:可以按照现场上各种物体的位置确定某一物体为起始点,沿着该物体向顺时针或逆时针方向逐个进行测量。

测量物证时,首先要测出该物证的大小、长短,然后再测出物证与周围物体或物证的距离。

3. 绘制现场方位图草图

(1) 构思并设计画面:首先要考虑现场中心在现场图上的位置,再考虑中心部位周围的物体、道路和地形的选择与安排。一般包括以下内容:现场的各种建筑物;现场周围的所有道路;现场上比较明显的物体;犯罪行为人可能隐藏、躺卧、攀爬过的物体;对案件有价值的物体。

设计画面时,从图的四个方向看,哪个方向反映的物体多,现场

图上安排的画面就大些,这样安排图的结构就会比较合理。

(2)确定现场方位图比例:一般情况下,现场方位图选择 1∶500 或 1∶600 较合适。如果现场范围较大,可以考虑绘制现场方位示意图,但是要注意用数字标明主要物体和道路。

4.审核

(1)审核现场中心部位安排的位置是否合理,有无必要进行调整。

(2)审核现场的物证和物体是否有遗漏,尤其不要遗漏与案件有关的物证。

(3)审核现场应当测量的物体和有关物体间的距离是否有测量,有无数据。

(4)审核图例标注是否清楚、齐全,与实际状况是否相符。

(5)审核指北针方向、标题、图例、比例尺和案情简介等内容安排的位置是否合适。

5.正式绘制现场方位图

审核后,若未发现不当之处即可绘制正式现场方位图。绘图时一定要注意保持图面的整洁、清晰、标准。

现场平面图、现场立体图、汽车案件现场图、野外案件现场图和现场综合图的现场测绘方法大致相同,此处不再赘述。

五、实训组织

1.登记分组名单和分工情况。

2.要求各小组按照实训要求制定测绘方案。

3.由指导教师进行实训前辅导。

4.各实训小组按计划进行模拟现场的测绘任务。

六、实训作业

1.教师指定宿舍楼某一宿舍,每位学生独立进行现场测绘。

2．各小组根据教师布置的任务要求，结合现场实际，完成对模拟现场的测绘，手工绘制现场图并完成实训报告。

实训项目二 现场平面图的绘制

一、实训目的

1．掌握 AutoCAD 软件的基本操作方法。

2．掌握现场平面图的绘制方法。

3．掌握 AutoCAD 软件中"绘现场"基本功能的使用。

二、实训条件

安装有 AutoCAD 软件（现场绘图新世纪超强版软件：由沈阳德为天地软件有限公司开发的公安案件现场计算机绘图系统）的计算机。

三、实训方式

1．学生以班为单位，独立完成实训。

2．教师布置现场，学生按照绘图要求使用 AutoCAD 软件完成现场平面图的绘制。

四、实训基础知识

现场平面图是公安机关最常用、最基本的一种现场图，一般要按比例绘制。

（一）确定现场方向

现场平面图应按上北下南方向绘制。有些建筑物由于受到地形的限制，建筑物的正面不是正北正南而是偏北偏南，在同一建筑物内的一些房屋的方向也不一致。遇到这种情况可以先确定室内现场方向，根据室内方向再确定方向标在图纸上的方向和位置。如果不是正南正北的房屋,可以变换方向标的角度或位置,方向标斜向上,使建筑物在图纸上的方向不变。

（二）测量室内的长、宽和墙的厚度

按照室内墙基线测量长度和宽度,如果墙角是弧形,还要测量出墙角的弧度。与此同时,从窗台内外直接测出墙的厚度。

（三）测量有关物体和物证的距离

采用分片测量法和顺序测量法测量有关物体和物证的距离。

（四）确定比例尺

室内现场通常使用 1∶50 左右的比例即可。若现场面积较大,比例可以适当放大。

（五）画出墙基线和门、窗

先按比例画出内外墙的墙基线,然后画出房门和窗户。门的关闭状况要用标准图例表示,区分是全开、半开还是全关。窗户的关闭状况也可以用图例表示。如果在图上不易表示,可在图上加以注明。

（六）画出现场的主要物体和物证

主要物体是指体积较大,比较明显或者留有痕迹、物证和翻动破坏痕迹的物体。在现场平面图内能够反映的物证都要画在图上。有些痕迹、物证在室内平面图不好表示,可以用数字①②表示,然后在图例中具体表示。此外,也可运用"引出图"的方式表示,即把要表示的物证用引线引到画面以外,再另画图加以表示。但是这种"引出图"不能过多,否则画面会显得杂乱。

（七）输入标题、案情简介,标图例并签名

标题:现场图的题目,规范的标题应包括案件名称（或代号）、绘图种类,如"'3.20'案件现场平面方位图"。标题应位于现场图的上方中央位置,也可置于现场图的左侧或右侧,但不能置于现场图的下方。

案情简介:主要包括案发地点、案发时间、测绘单位、测绘人、绘图单位、绘图人等内容,多置于现场图的下方或右下角。

标图例:在现场图中图例是用来解释说明现场图中未能标示清楚的内容的,即对图中的图形、符号进行的解释说明。绘制好现场图后应对图中的图例按顺序标明其所代表的内容。

五、实训步骤与方法

现场平面图是以平行垂直投影的原理绘制的一种水平俯视图。现场的房屋和各种物体、痕迹的位置、距离以及相互间的关系,都以平面的形式标明在图纸上,具有简明、清晰的特点,应按比例绘制。具体绘制步骤如下:

1. 打开 AutoCAD 软件。双击桌面【现场绘图】图标或单击【开始】菜单,然后选择【现场绘图】图标单击鼠标,即可打开。

2. 打开后的主界面见图 2-1,界面第一行为标题栏,第二行为菜单栏,第三行、第四行和左侧一列为工具栏,中间区域为绘图区,主界面右侧的区域为屏幕菜单,主界面下方三行为命令行。

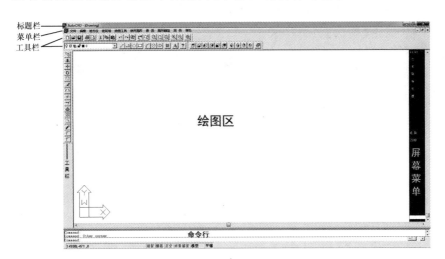

图 2-1 现场绘图主界面

3. 设置现场图的范围。

3.1 打开【文件】菜单,执行【现场图参数】命令(见图 2-2)。

图 2-2 【现场图参数】命令

3.2 打开【绘制墙参数】对话框。在其中输入实际现场测绘的参数，点击【确认】（见图 2-3）。

图 2-3 绘制墙参数

4. 现场图参数设置成功后,就可以在绘图区域绘制现场。绘制现场所需的命令在【绘现场】菜单下,用鼠标左键单击【绘现场】菜单(见图 2-4)。

图 2-4　【绘现场】菜单

5. 绘制轴线。

5.1　点击【绘现场】菜单下的【轴线】命令,打开【选择轴线的类型】对话框(见图 2-5)。选择其中任意一种类型,选择以后,被选中的选项将会以反色显示,选择完成后,点击【确认】按钮。

5.2　点击【确认】后,回到绘图状态。命令行提示:第一点(见图 2-6)。此时,将鼠标放置于工作区左上方单击左键。命令行提示:第二点(见图 2-7)。然后再将鼠标置于工作区右下方单击左键,屏幕上将会出现红色的轴线(见图 2-8)。

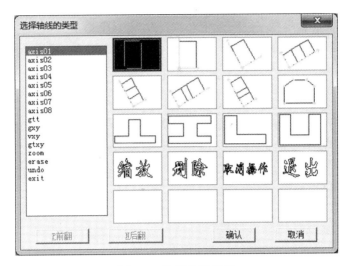

图 2-5　选择轴线类型

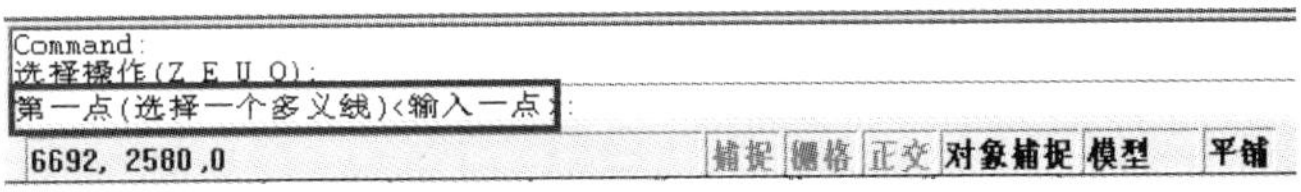

图 2-6　命令行提示：第一点

图 2-7　命令行提示：第二点

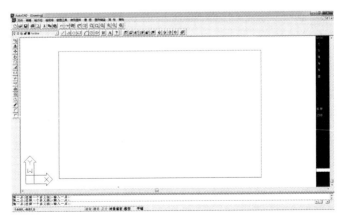

图 2-8　轴线

5.3 轴线绘制结束,点击鼠标右键,退出【轴线】命令。此时屏幕弹出【选择轴线的类型】对话框,鼠标左键单击【退出】(见图2-9)。

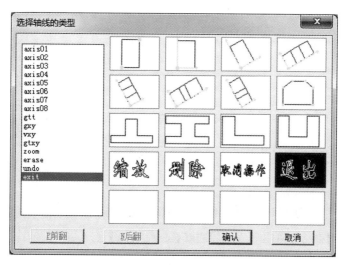

图 2-9 退出轴线命令

6. 绘制墙线。

6.1 【轴线】生成后,开始绘制墙线。点击【绘现场】菜单下的【墙线】命令,弹出子菜单,选择【轴线生成】命令单击左键(见图2-10)。工作区域就会生成内外两条黄色墙线(见图2-11)。

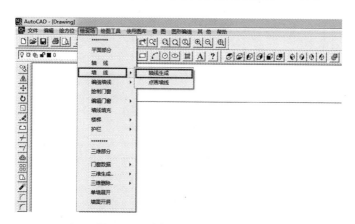

图 2-10 选择【轴线生成】命令

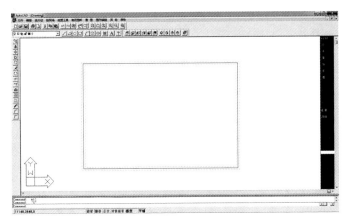

图 2-11　生成内外墙线

6.2　根据现场情况我们可以把房间分割,点击【绘现场】菜单下的【墙线】命令,弹出子菜单,选择【点画墙线】命令(见图 2-12)。

图 2-12　选择【点画墙线】命令

6.3 命令行提示:左键起点,右键结束(见图 2-13)。

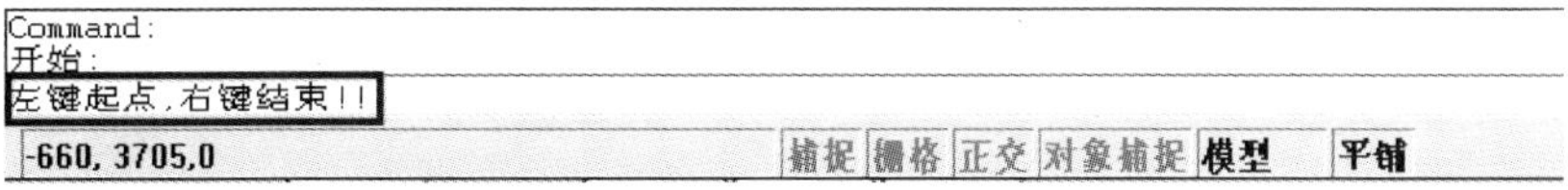

Command:
开始:
左键起点,右键结束!!
-660, 3705,0
捕捉 栅格 正交 对象捕捉 模型 平铺

图 2-13 命令行提示:左键起点,右键结束

6.4 在其中一堵墙上两条黄线之间任何地方单击鼠标左键,然后松开鼠标。命令行提示:左键另一点,右键结束(见图 2-14)。

AutoCAD - [Drawing]
鼠标移动至两条黄线之间点击左键

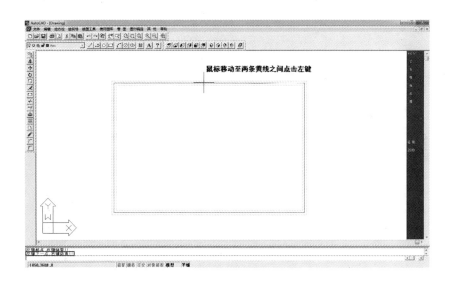

图 2-14 命令行提示:左键下一点,右键结束

6.5 此时如果移动鼠标,可以看到工作区域被拉出一条线(见图 2-15)。

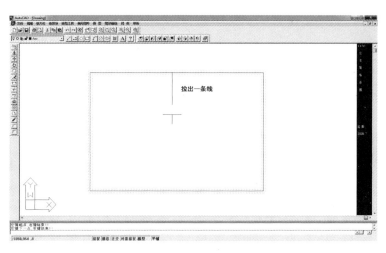

图 2-15　拉出一条线

6.6　将鼠标移动到对面墙上两条黄线之间,单击鼠标左键,可见房子被分割成两个房间(见图 2-16)。

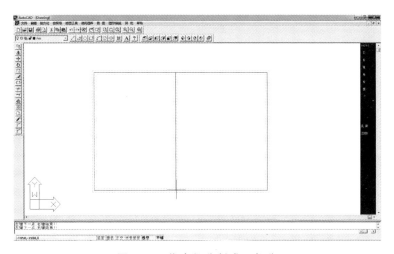

图 2-16　将房间分割成两部分

6.7　如果继续移动鼠标,可见又拉出一条线(见图 2-17)。如果要结束【点画墙线】命令,单击鼠标右键即可退出。

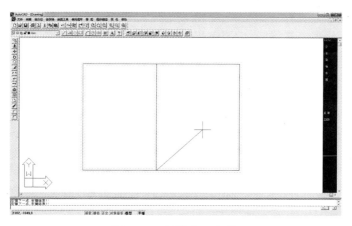

图 2-17　又拉出一条线

6.8　若继续分割房间，采用上述 6.2—6.7 方法继续【点画墙线】。

7. 绘制窗户。

7.1　鼠标单击【绘现场】菜单下【绘制门窗】命令（见图 2-18）。

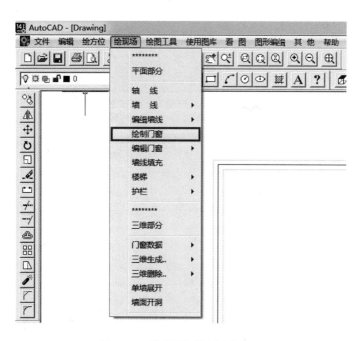

图 2-18　选择【绘制门窗】命令

7.2 弹出【安装门,窗,洞】对话框(见图 2-19)。

7.3 要安装窗户,只需鼠标左键单击【窗】或下面窗户的图形即可。弹出【窗户宽度】对话框,我们可以直接输入窗户宽度,也可以用鼠标拖动下方的滚动条改变窗户宽度,选择好宽度,单击【确认】即可退出(见图 2-20)。

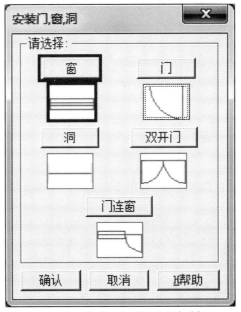

图 2-19 安装【门,窗,洞】对话框

图 2-20 【窗户宽度】对话框

7.4 此时鼠标变为小方块,将鼠标移动到要添加窗户的墙的内墙线处,单击鼠标左键(见图 2-21)。

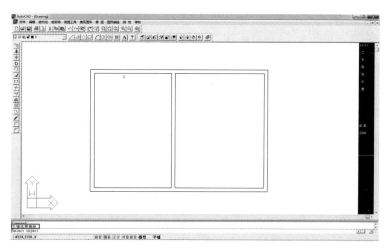

图 2-21 鼠标变为小方块,命令行提示:左键选择墙线

7.5 墙上出现两个数字和两个红色箭头,数字表示添加的窗户与两侧墙之间的距离(见图 2-22)。移动鼠标可以改变窗户距离两侧墙的距离,当图中显示的两个数字与实际现场测量的数字相同时,只需单击鼠标左键即可安装窗户至合适的位置;如果想将窗户直接添加在墙的正中间,需要单击鼠标右键。

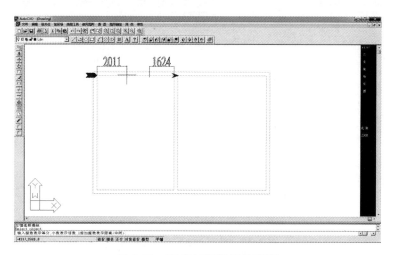

图 2-22 窗户与两侧墙的距离

7.6 如果要继续安装窗户,按照上述方法操作,图 2-23 为绘制好的窗户。点击鼠标右键退出"安装窗户"命令。

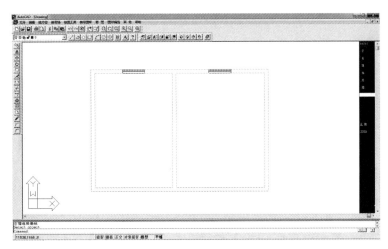

图 2-23 绘制好的窗户

8. 绘制门。

8.1 鼠标单击【绘现场】菜单下【绘制门窗】命令(见图 2-24)。

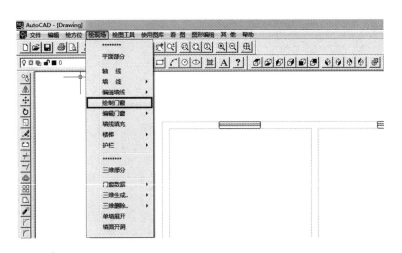

图 2-24 选择【绘制门窗】命令

8.2 弹出【安装门,窗,洞】对话框(见图 2-25)。

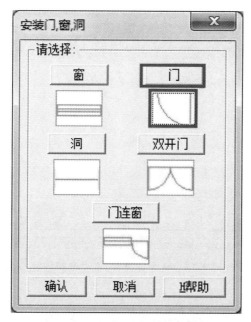

图 2-25 【安装门,窗,洞】对话框

8.3 要安装门,只需鼠标左键单击【门】或下面门的图形即可,可以选择不同样式的门(单开门或双开门)。弹出【门宽度】对话框,我们可以直接输入门宽度,也可以用鼠标拖动下方的滚动条改变门的宽度,选择好宽度,单击【确认】即可退出(见图 2-26)。

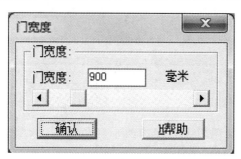

图 2-26 【门宽度】对话框

8.4 此时鼠标变为小方块,命令行提示:左键选择墙线(见图 2-27)。将鼠标移动到要添加门的墙的内墙线处,单击鼠标左键(图 2-28)。

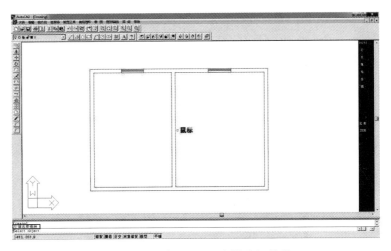

图 2-27　命令行提示：左键选择墙线

图 2-28　鼠标移动至墙的内墙线处

8.5　墙上出现两个数字和两个红色箭头，数字表示添加的门与两侧墙之间的距离（见图 2-29）。移动鼠标可以改变门距离两侧墙的距离，当图中显示的两个数字与现场实际测量的数字相同时，只需单击鼠标左键即可安装门至合适的位置；如果想将门直接添加在墙的正中间，需要单击鼠标右键。

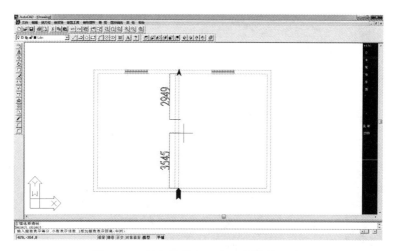

图 2-29 所安装的门距离两侧墙的距离

8.6 如果要继续安装门,按照上述 8.1—8.5 方法操作,图 2-30 为绘制好的门。点击鼠标右键退出"安装门"命令。

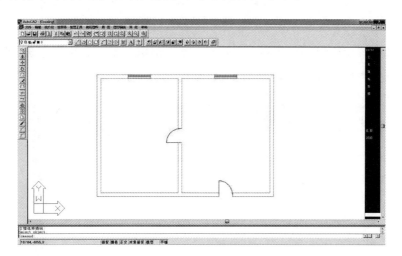

图 2-30 绘制好的门

9. 翻单开门。

9.1 点击【绘现场】菜单下【编辑门窗】【翻单开门】命令(见图 2-31)。

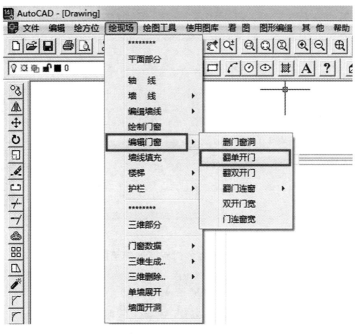

图 2-31   选择【翻单开门】命令

9.2   此时鼠标变为小方块(见图 2-32)。将小方块置于要变换方向的门的边线上单击鼠标左键(见图 2-33)。

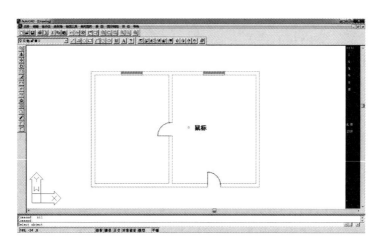

图 2-32   鼠标变为小方块

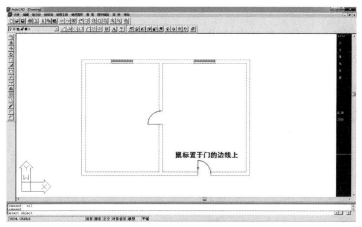

图 2-33　左键点击要变换方向的门

9.3　命令行提示:左键变换,右键确认(见图 2-34)。

图 2-34　命令行提示:左键变换,右键确认

9.4　此时如果单击鼠标左键,可以发现门的方向变化(见图 2-35)。继续单击左键,门的方向继续变化。确定方向后,单击鼠标右键退出【翻单开门】命令。

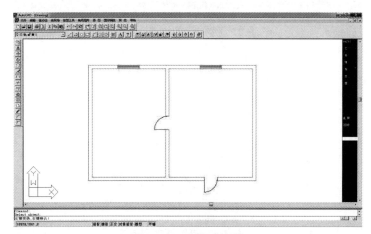

图 2-35　翻转后的门

10. 下面我们可以在房间内插入主要物体以及发现的尸体、痕迹、物证等内容,这些内容均可通过【使用图库】菜单下的命令来完成(见图 2-36)。

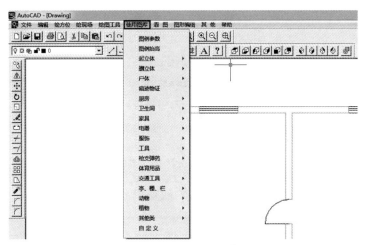

图 2-36　【使用图库】菜单

11. 插入图例:床。

11.1　点击【使用图库】菜单下的【家具】,右侧可弹出下拉子菜单,根据需要添加相应的家具(见图 2-37)。

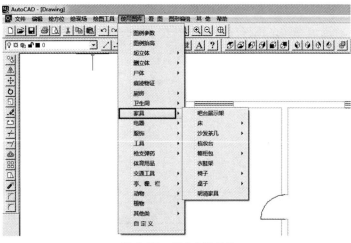

图 2-37　插入【家具】

11.2 插入床:点击【家具】—【床】—【双人床】命令(见图 2-38)。

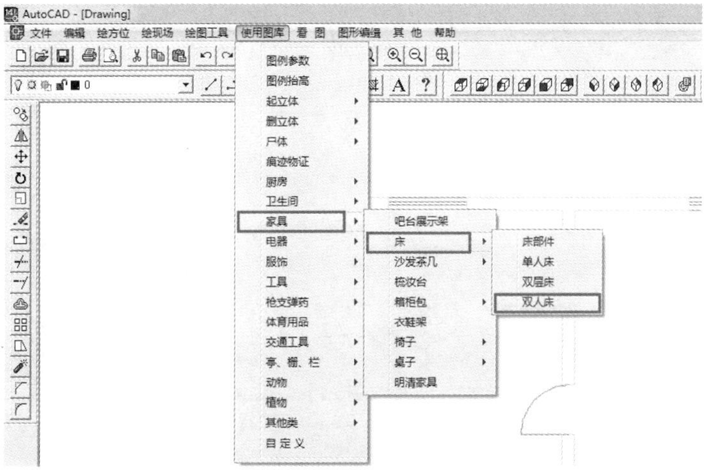

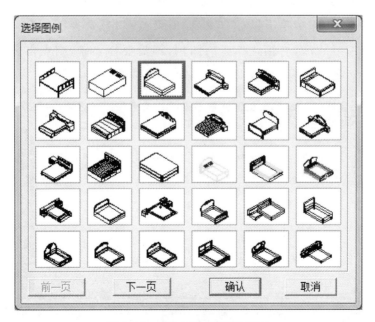

图 2-38 选择【双人床】命令

11.3 弹出【选择图例】对话框,其中有很多种床的式样。选择其中一种单击鼠标左键,点击【确认】退出(见图 2-39)。

图 2-39 【双人床】图例对话框

11.4　此时鼠标变为刚选择的床的图样(见图 2-40)。

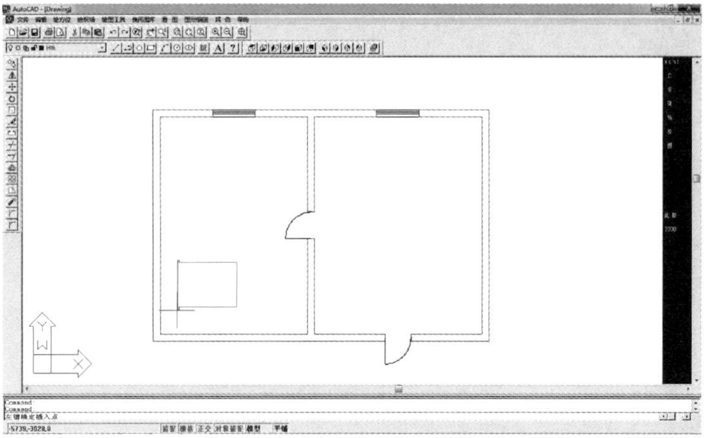

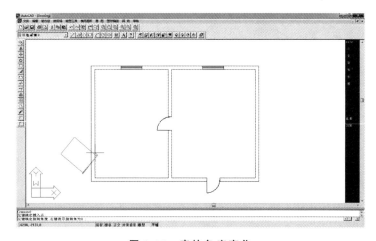

图 2-40　鼠标变为双人床图样

11.5　将鼠标移动至想要添加床的位置后,单击鼠标左键,床的一角就会固定,此时,若移动鼠标,可以发现床的角度发生变化(见图 2-41),确定了床的角度后单击鼠标左键即可插入双人床。若不想改变床的角度,直接单击鼠标右键,此时又会弹出【选择图例】对话框,需要继续插入床,直接选择床的图例,不需要插入床,则点击【取消】按钮即可退出(见图 2-42)。绘制好的双人床见图 2-43。

图 2-41　床的角度变化

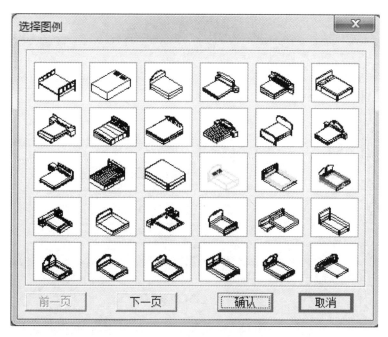

图 2-42　点击【取消】退出

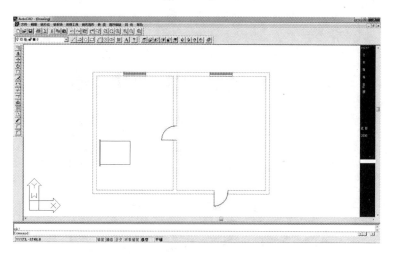

图 2-43　【双人床】绘制结束

12. 插入图例:沙发。

12.1　点击【使用图库】菜单下的【家具】—【沙发茶几】—【沙发】

命令（见图 2-44）。

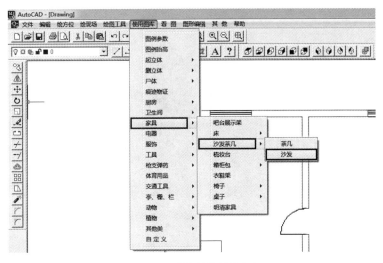

图 2-44 选择【沙发】命令

12.2 弹出【选择图例】对话框，其中有很多种沙发的式样。选择其中一种单击鼠标左键，点击【确认】退出（见图 2-45）。

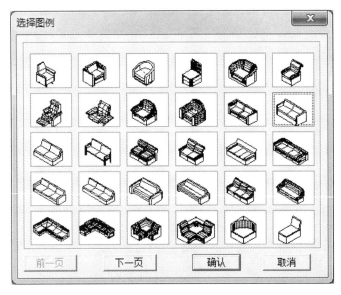

图 2-45 【沙发】图例对话框

12.3 此时鼠标变为刚选择的沙发的图样,命令行提示:左键确定插入点(见图 2-46)。

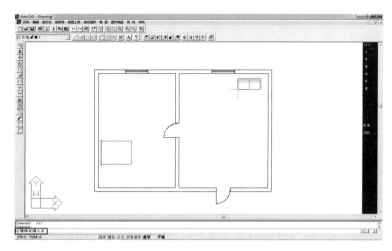

图 2-46 命令行提示:左键确定插入点

12.4 将鼠标移动至想要添加沙发的位置后,单击左键,移动鼠标可见沙发角度变化(见图 2-47),命令行提示:左键确定旋转角度,右键表示旋转角度为 0。确定角度后,单击鼠标左键即可。图 2-48 为插入的沙发。

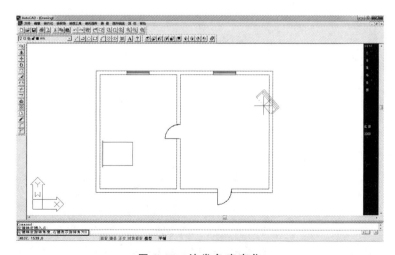

图 2-47 沙发角度变化

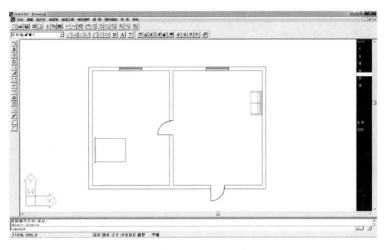

图 2-48　插入的沙发

12.5　点击右键退出【沙发】命令,再次弹出【选择图例】对话框。如果需要继续插入沙发,可以按照上述 12.1—12.4 方法插入;不需要插入沙发,只需要点击【取消】即可退出(见图 2-49)。

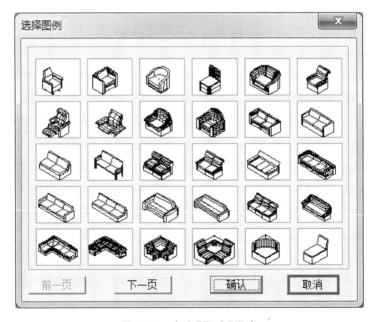

图 2-49　点击【取消】退出

13．插入尸体。

13．1 点击【使用图库】菜单下面的【尸体】—【男尸】或【女尸】（见图 2-50）。

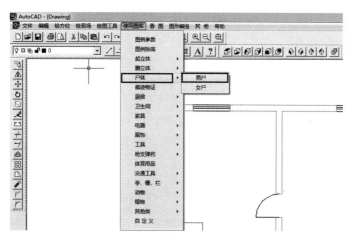

图 2-50 【尸体】命令

13．2 弹出【选择图例】对话框（男尸见图 2-51，女尸见图 2-52）。

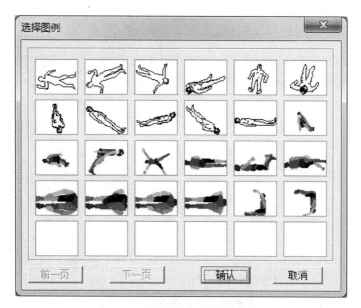

图 2-51 男尸【选择图例】对话框

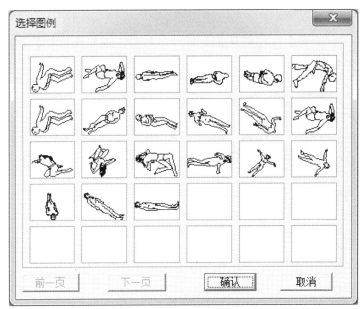

图 2-52　女尸【选择图例】对话框

13.3　选择其中一种姿势,点击【确认】。鼠标变为选择好的尸体样式(见图 2-53),将鼠标移动至要插入尸体的位置单击左键,继续移动鼠标可以旋转尸体的角度,确定角度后单击左键即可插入尸体。单击

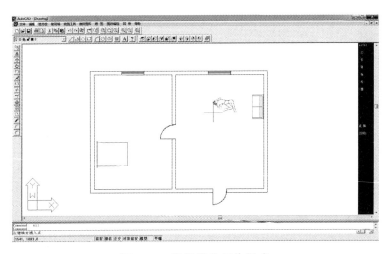

图 2-53　鼠标变为尸体样式

鼠标右键可以不旋转尸体的角度直接插入尸体。此时会弹出【选择图例】对话框。继续插入尸体,可选择一种姿势单击鼠标后点击【确认】;不再插入尸体,点击【取消】退出(见图2-54)。

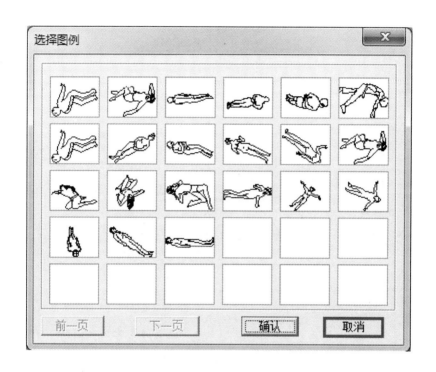

图 2-54　点击【取消】退出

14. 插入痕迹物证。

14.1　点击【使用图库】菜单下面的【痕迹物证】命令(见图 2-55)。

14.2　弹出【选择图例】对话框(见图 2-56)。

14.3　选择一种式样插入,然后再按照上述同样的方法插入作案工具等其他图例。图 2-57 为绘制好的所有图例。

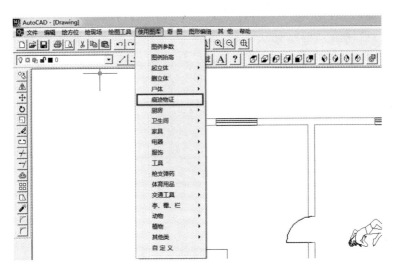

图 2-55　选择【痕迹物证】命令

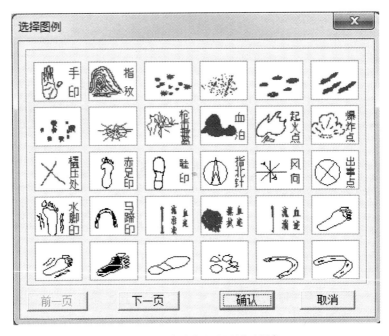

图 2-56　【痕迹物证】图例对话框

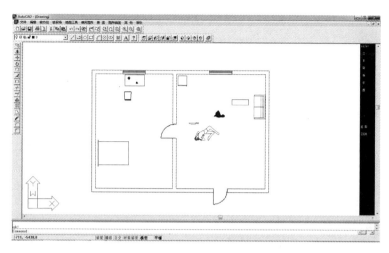

图 2-57 图例添加结束

15. 改变图例大小（以床为例）。

15.1 如果认为插入的床尺寸不合适，可以更改床的大小。点击【使用图库】菜单下面的【图例参数】命令（见图 2-58）。

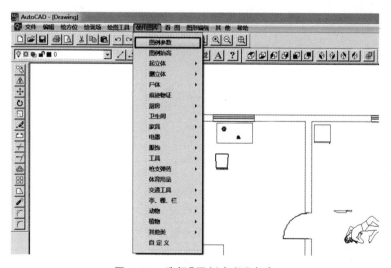

图 2-58 选择【图例参数】命令

15.2 鼠标变为小方块，命令行提示：请选择图例（见图 2-59）。

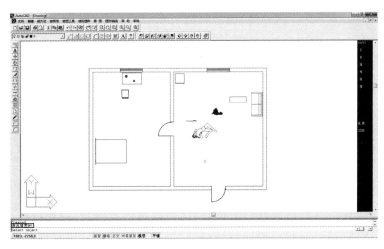

图 2-59　命令行提示：请选择图例

15.3　房间内插入的主要物体及其他痕迹、物证都属于图例。将小方块移动至图例床的边线部分（见图 2-60）。

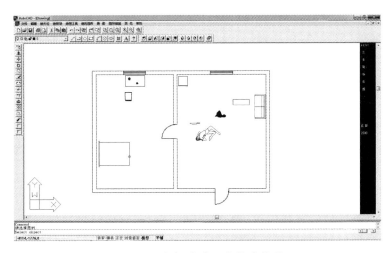

图 2-60　鼠标移动至床的边线处

15.4　点击床的边线，弹出【图例参数】对话框。可以在其中输入床的长、宽、高，改变床的大小后，点击【确认】退出（见图 2-61）。

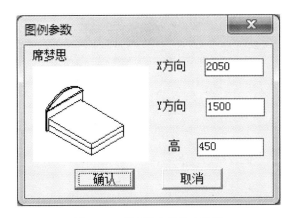

图 2-61 【图例参数】对话框

16. 旋转图例(以茶几为例)。

16.1 点击【图形编辑】菜单下面的【旋转】命令(见图 2-62)。

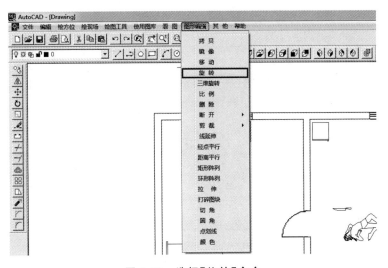

图 2-62 选择【旋转】命令

16.2 鼠标变为小方块,将鼠标移动至要旋转对象的边线上(见图 2-63)。

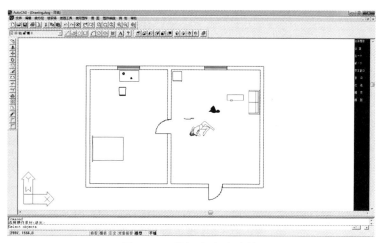

图 2-63   鼠标变为小方块

16.3   单击鼠标左键,选择的对象变为虚线。命令行提示:1 found,说明 1 个对象已被选中。选择命令结束,点击右键退出(见图 2-64)。

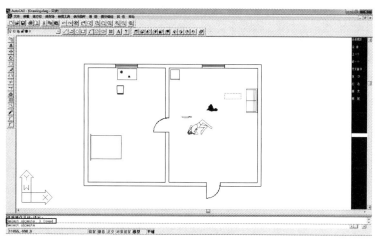

图 2-64   选择茶几

16.4   命令行提示:插入基点(见图 2-65)。

图 2-65   命令行提示:插入基点

16.5　在旋转对象上单击鼠标左键,移动鼠标可以拉出一条线。此时命令行提示:R＝相对方式/旋转角度,我们可以在命令行直接输入数字代表旋转角度,点击【Enter】键确认,茶几即可旋转;也可以在右侧的屏幕菜单上直接选择一个角度单击鼠标(见图 2-66)。旋转后的茶几见图 2-67。

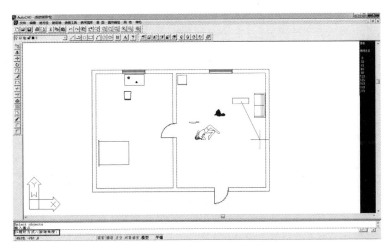

图 2-66　旋转角度

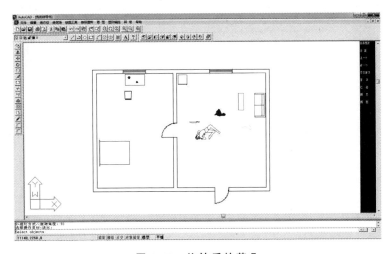

图 2-67　旋转后的茶几

17. 移动图例(以茶几为例)。

17.1 点击【图像编辑】菜单下面的【移动】命令(见图 2-68)。

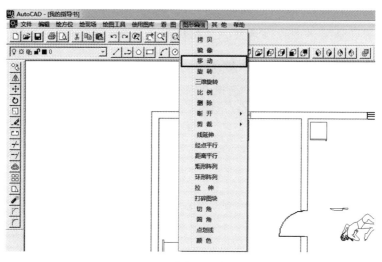

图 2-68 选择【移动】命令

17.2 鼠标变为小方块,命令行提示:选择操作目标(见图 2-69)。

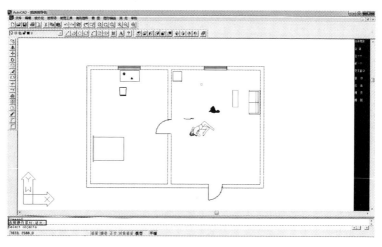

图 2-69 鼠标变为小方块

17.3 将鼠标移动至要移动的对象（茶几）上，单击左键（见图 2-70）。

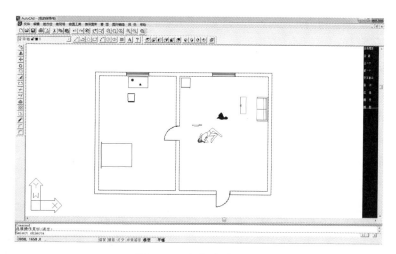

图 2-70 鼠标点击左键

17.4 被选中的对象变为虚线（见图 2-71），命令行提示：1 found，说明已经选中 1 个对象。点击鼠标右键退出【选择】命令。命令行提示：输入基点或位移（见图 2-72）。

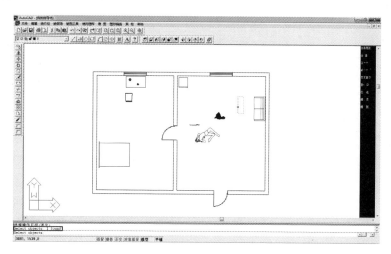

图 2-71 被选中的茶几变为虚线

图 2-72　命令行提示：输入基点或位移

17.5　基点或位移指的是要移动到哪个地方。单击左键选择图例并拖动至另一个地方，命令行提示：输入位移的第二点。此时移动到合适的位置即可松开鼠标左键（见图 2-73）。

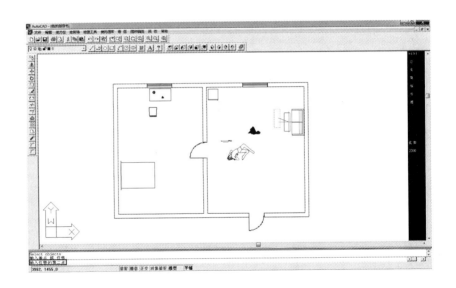

图 2-73　命令行提示：输入位移的第二点

17.6　茶几移动结束，点击鼠标右键退出【移动】命令（见图 2-74）。

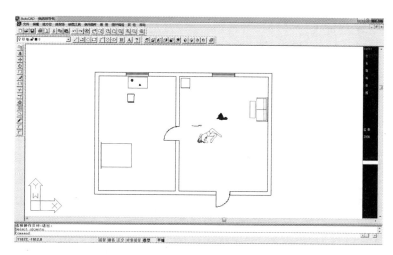

图 2-74　茶几位置移动

18.加入图框文字。

18.1　插入全部图例后,点击【绘图工具】菜单下的【图框文字】命令(见图 2-75)。

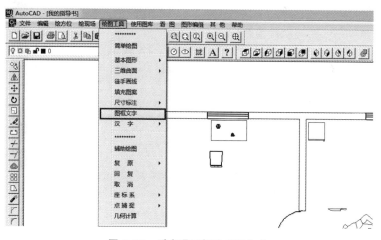

图 2-75　选择【图框文字】命令

18.2　命令行提示:第一点。将鼠标移动至绘制好的图形左上角单击左键即为第一点(见图 2-76)。

图 2-76　命令行提示：第一点

18.3　命令行提示：第二点。拖动鼠标至图形右下角单击左键即为第二点（见图 2-77）。

图 2-77　命令行提示：第二点

18.4　【图框文字】绘制结束。在生成图框文字时，会自动生成一个指北针和简要案情的表格，右侧会自动弹出屏幕菜单（见图 2-78）。

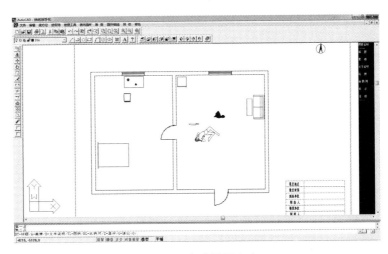

图 2-78　生成图框文字

19. 看全图。在第一行工具栏鼠标左键点击 ⊕ 全图按钮，即可回到全图状态。同时可以看到包括图框文字和现场图的全图（见图 2-79）。

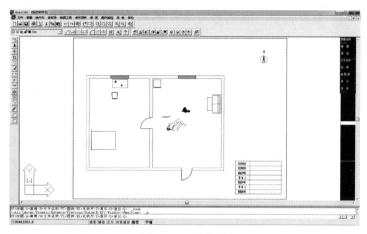

图 2-79 看全图

20. 输入标题。

20.1 右侧屏幕菜单显示：标题、案情、比例、标图例等内容。单击鼠标左键选择【标题】命令（见图 2-80）。

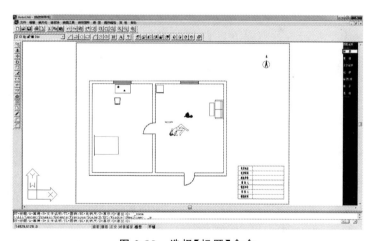

图 2-80 选择【标题】命令

20.2 命令行提示：标题文字说明（见图 2-81）。

图 2-81 命令行提示：标题文字说明

20.3　此时可以直接切换输入法输入文字,如:2016.3.21杀人案件现场平面图。点击【Enter】键结束(见图2-82)。

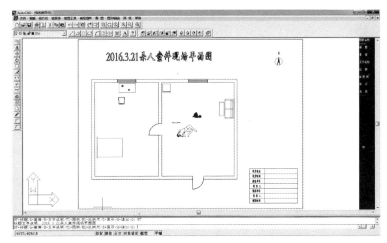

图2-82　输入标题

21. 输入案情。

21.1　点击右侧屏幕菜单【案情】命令(见图2-83)。

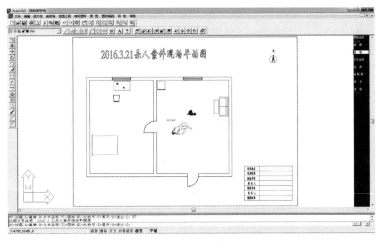

图2-83　选择【案情】命令

21.2　命令行提示:案发地点。此时可以点击工具栏 🔍 窗口缩放按钮,然后将鼠标移动至简要案情部分拖动鼠标进行窗口缩放,图

2-84 为窗口缩放后的简要案情。按照上述 20.3 的方法逐一输入：案发时间、测绘单位、测绘人、制图单位、制图人、制图时间，点击【Enter】键结束（见图 2-85）。

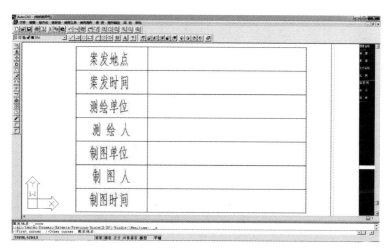

图 2-84 窗口缩放后的简要案情

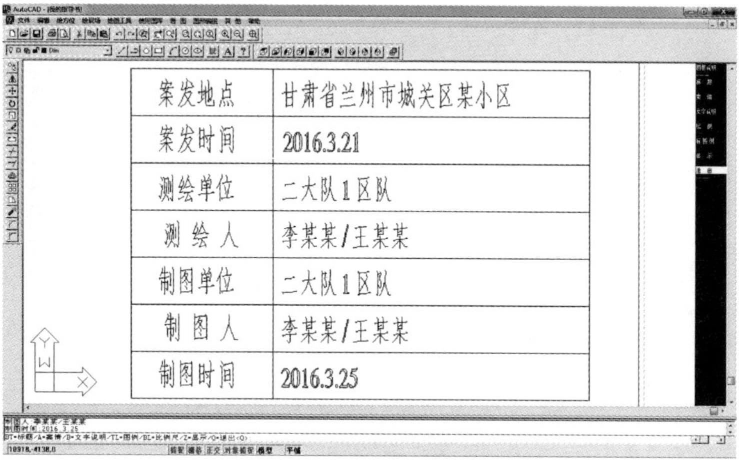

图 2-85 案情内容输入结束

21.3 点击第一行工具栏 ⊕ 全图按钮，即可回到全图状态（见图 2-86）。

2016.3.21杀人案件现场平面图

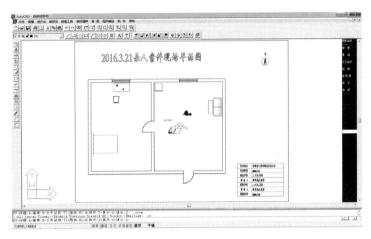

图 2-86　全图

22. 标图例。

22.1　点击右侧屏幕菜单【标图例】命令(见图 2-87)。

2016.3.21杀人案件现场平面图

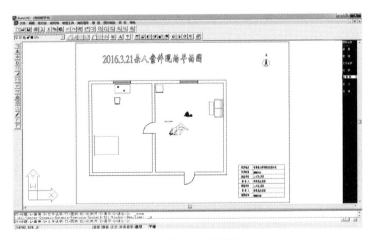

图 2-87　选择【标图例】命令

22.2　命令行提示:图例层数(见图 2-88)。

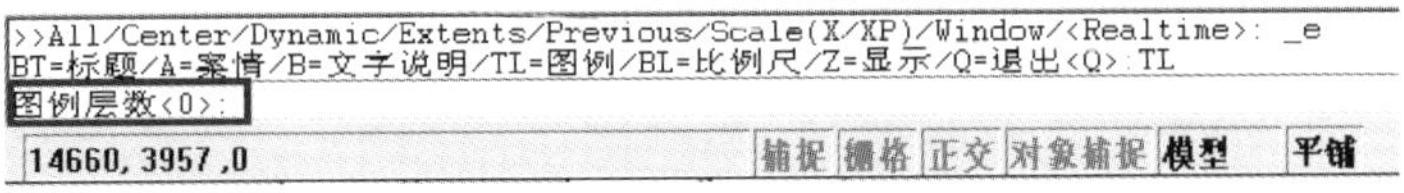

>>All/Center/Dynamic/Extents/Previous/Scale(X/XP)/Window/<Realtime>: _e
BT=标题/A=案情/B=文字说明/TL=图例/BL=比例尺/Z=显示/Q=退出<Q>: TL
图例层数<0>:
14660, 3957 ,0
捕捉 栅格 正交 对象捕捉 模型 平铺

图 2-88　命令行提示:图例层数

22.3 一般两个图例占一行,因此图中的图例数除以 2 即为图例层数。上图共 11 个图例,我们只需在命令行输入 6,点击【Enter】键结束。图框内出现【图例】的表格,此时鼠标变为小方块,命令行提示:请选择图例(见图 2-89)。

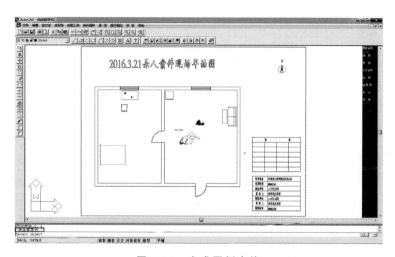

图 2-89 生成图例表格

22.4 将小方块移动至要标记的图例的边线上点击鼠标左键,此时命令行提示:请选择标示位置(见图 2-90)。

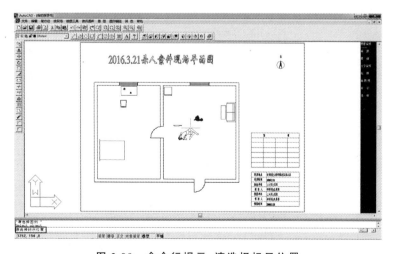

图 2-90 命令行提示:请选择标示位置

22.5 将鼠标移动至需要标记的图例旁边的空白区域单击左键,就可以标记成功。右侧的表格内会显示图例名称和相应的图例编号(见图2-91)。

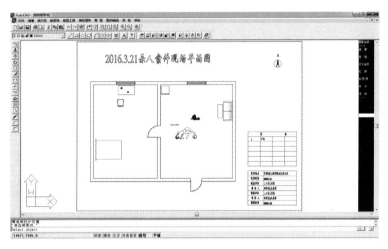

图 2-91　1 个图例标记成功

22.6 同理,其他图例可以按照上述方法标记,图2-92为标记完成的图例。

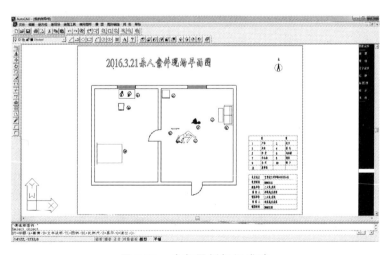

图 2-92　全部图例标记成功

22.7 可以将标好的图例放大,看是否与图中的图例对应(见图 2-93)。然后点击 全图按钮,回到全图状态。

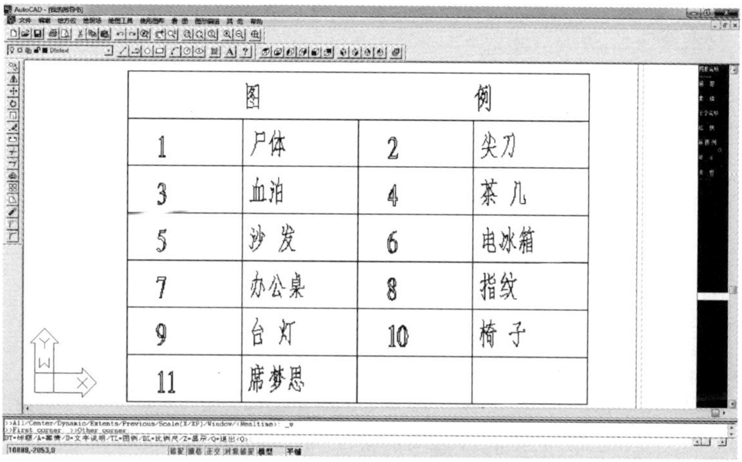

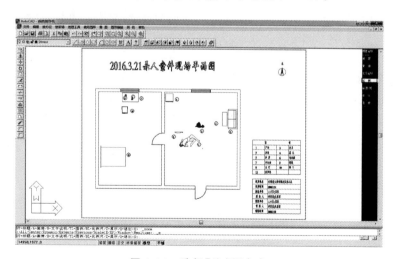

图 2-93 放大后的图例

23. 插入比例尺。

23.1 点击右侧屏幕菜单【比例】命令(见图 2-94)。

图 2-94 选择【比例】命令

23.2 命令行提示:自动测量比例＝1,用户给定比例＝2(见图

2-95)。

图 2-95 命令行提示:自动测量比例＝1,用户给定比例＝2

23.3 通常自动测量比例尺,在命令行输入 1,点击【Enter】键结束。命令行提示:图幅(a3/a4)。图幅指的是打印现场图使用的纸张大小,根据需要选择,点击【Enter】键结束(见图 2-96)。

图 2-96 命令行提示:图幅(a3/a4)

23.4 命令行提示:选插入图形(见图 2-97)。

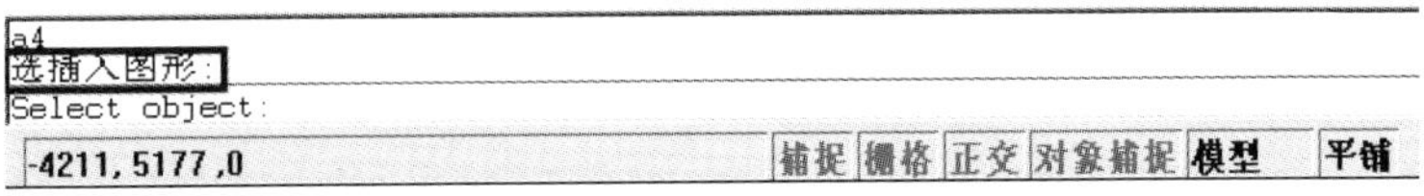

图 2-97 命令行提示:选插入图形

23.5 用鼠标单击绘制好的现场平面图,命令行提示:比例尺基点(见图 2-98)。比例尺基点指的是要插入比例尺的位置,通常选择在指北针下方插入比例尺。

图 2-98 命令行提示:比例尺基点

23.6 将鼠标移动至指北针下方单击左键就自动计算出比例尺(见图 2-99),绘图结束。

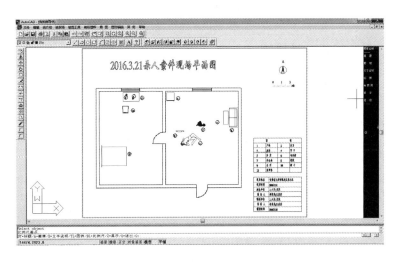

图 2-99 插入比例尺

24. 保存。

24.1 点击"文件"菜单下的【存盘】命令（见图 2-100）。

图 2-100 【存盘】命令

24.2 弹出【Save Drawing As】对话框，输入所绘制的现场平面图的文件名，点击【保存】按钮（见图 2-101）。

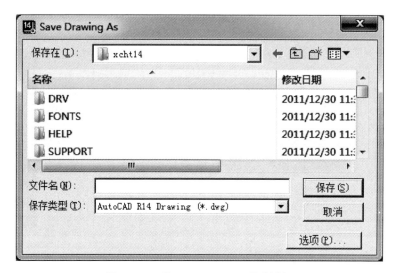

图 2-101 【Save Drawing As】对话框

六、实训作业

1. 根据所学的绘制平面图的方法,绘制自己宿舍或自己家房屋的平面图。

2. 根据教师布置的现场,使用 AutoCAD 软件制作一份现场平面图,并完成实训报告。

实训项目三　现场平面展开图的绘制

一、实训目的

1. 掌握 AutoCAD 软件的基本操作方法。

2. 掌握现场平面展开图的绘制方法。

3. 掌握 AutoCAD 软件中"绘现场"基本功能的使用。

二、实训条件

安装有 AutoCAD 软件（现场绘图新世纪超强版软件：由沈阳德为天地软件有限公司开发的公安案件现场计算机绘图系统）的计算机。

三、实训方式

1. 学生以班为单位，独立完成实训。

2. 教师布置现场，学生按照绘图要求使用 AutoCAD 软件完成现场平面展开图的绘制。

四、实训步骤与方法

1. 首先打开已经绘制好的现场平面图（注意：现场平面图不需要加图框文字）（见图 3-1）。

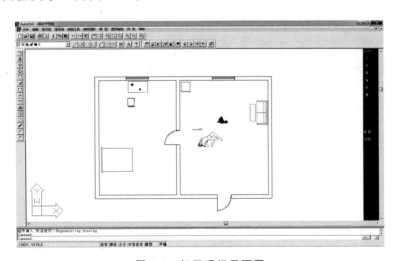

图 3-1　打开现场平面图

2. 生成立体图。

2.1　点击【绘现场】菜单下的【三维生成】—【全自动】命令（见图 3-2）。

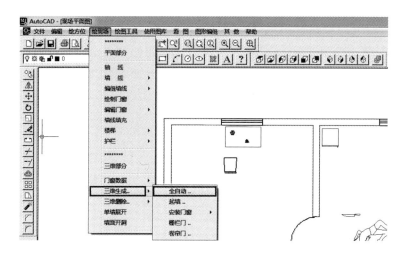

图 3-2 【三维生成】—【全自动】命令

2.2 点击【看图】菜单下的【轴侧图】命令(见图 3-3)。

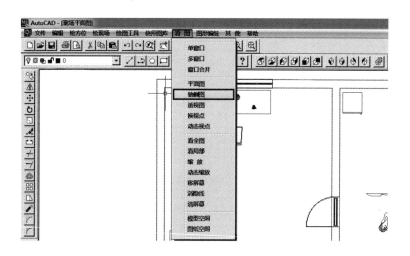

图 3-3 【轴侧图】命令

2.3 形成现场立体图(见图 3-4)。

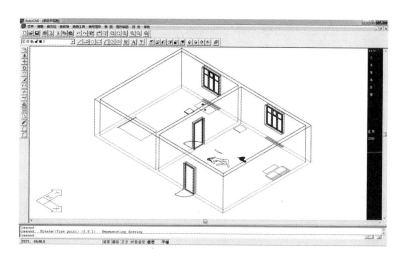

图 3-4　现场立体图

2.4　起立体。点击【使用图库】菜单下的【起立体】—【全部】命令（见图 3-5）。

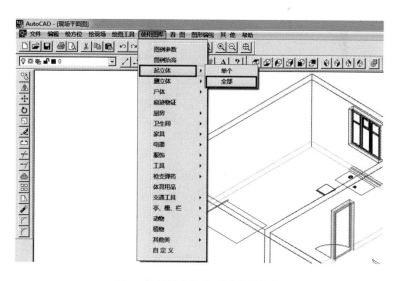

图 3-5　【起立体】—【全部】命令

2.5　房屋内的图例全部变为立体（见图 3-6）。

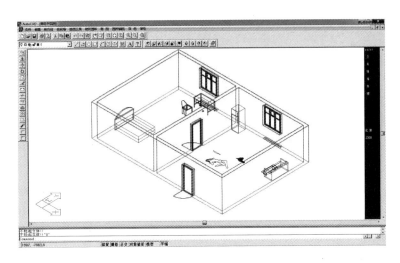

图 3-6　图例全部变为立体

2.6　将鼠标移动至第一行工具栏点击 🔍 窗口缩放按钮,再移动鼠标选择需要放大的部位,然后单击左键,即可将图像局部放大(见图 3-7)。

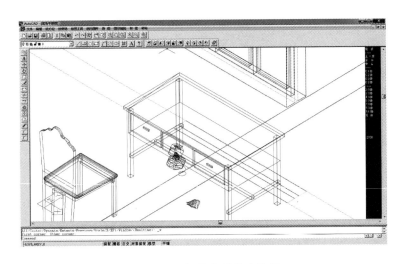

图 3-7　局部放大后的立体图

2.7 从放大后的立体图可以看出,台灯仍然在桌子下面。点击【使用图库】菜单下的【图例抬高】命令(见图 3-8)。

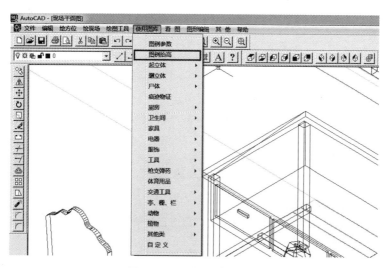

图 3-8 【图例抬高】命令

2.8 命令行提示:请选择抬高图例(见图 3-9)。此时将鼠标移动至要抬高的图例的边线上单击左键。命令行又提示:请选择放置图例(见图 3-10)。此时将鼠标移动至桌子的边线上单击左键。

图 3-9 命令行提示:请选择抬高图例

```
Select object:
请选择放置图例
Select object:
-4133,3196,0                        捕捉 栅格 正交 对象捕捉 模型  平铺
```

图 3-10 命令行又提示:请选择放置图例

2.9 从下图可以看到台灯已被抬高到桌子上(见图 3-11)。

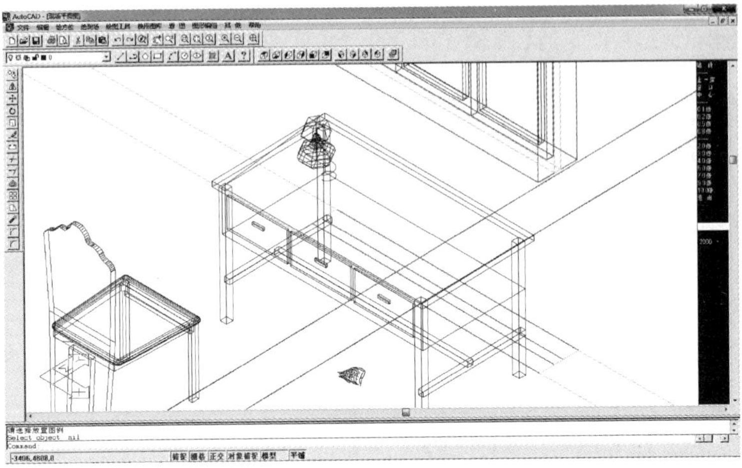

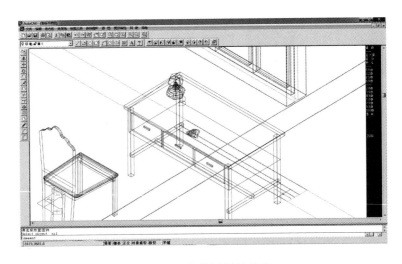

图 3-11　台灯图例已被抬高

2.10　按照上述 2.7—2.9 方法将指纹抬高到桌子上(见图 3-12)。然后点击第一行工具栏上 ⊕ 全图按钮,即可回到全图状态 (见图 3-13)。

图 3-12　指纹图例被抬高

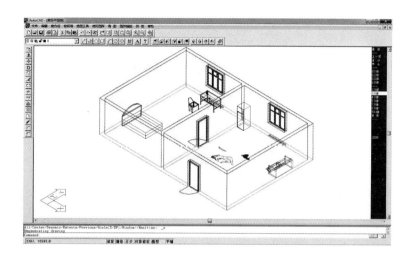

图 3-13　全图

2.11　点击【看图】菜单下的【消隐线】命令，即可得到消隐线后的立体图(见图 3-14、图 3-15)。

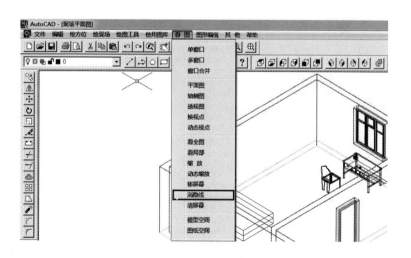

图 3-14　【消隐线】命令

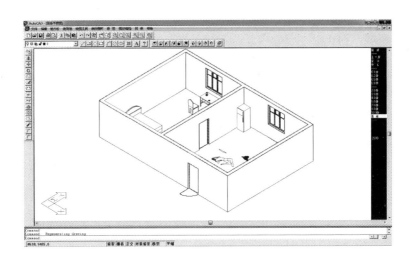

图 3-15　消隐线后的立体图

3．点击【看图】菜单下的【平面图】命令，即可回到平面图状态（见图 3-16、图 3-17）。

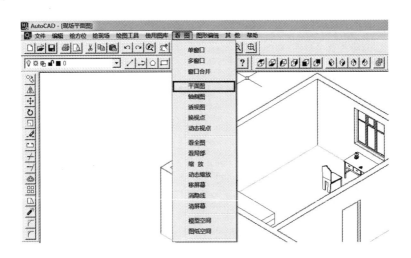

图 3-16　选择【平面图】命令

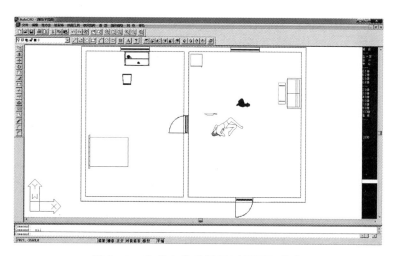

图 3-17 生成立体后再回到平面图状态

4．展开墙。

4.1 点击【绘现场】菜单下的【单墙展开】命令(见图 3-18)。

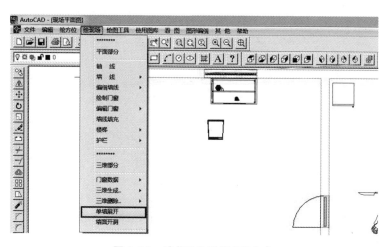

图 3-18 选择【单墙展开】命令

4.2 命令行提示:内墙起始点。将鼠标移动至要展开墙的起始点可以发现鼠标变为小方块,此时单击左键(见图 3-19)。

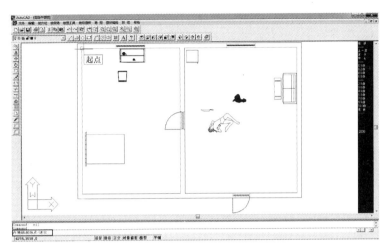

图 3-19 命令行提示：内墙起始点

4.3 命令行提示：内墙线终点。将鼠标移动至要展开墙的终点可以发现鼠标变为方块，此时单击左键(见图 3-20)。

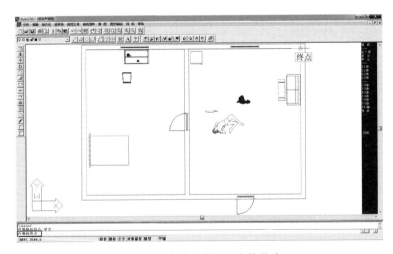

图 3-20 命令行提示：内墙终点

4.4 命令行提示：选择墙倒的位置。此时将鼠标移动至要展开墙的内墙线的外侧任意一个地方单击左键即可(见图 3-21)。

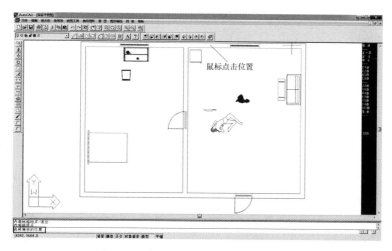

图 3-21　命令行提示:选择墙倒的位置

4.5　命令行提示:选择映射家具。此时的鼠标变为小方块(见图 3-22),将鼠标移动到要映射的家具边线上单击左键。

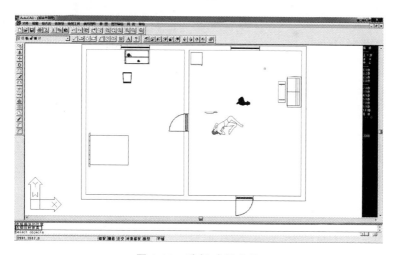

图 3-22　选择映射家具

4.6　命令行提示:1 found。单击右键退出选择命令(见图 3-23)。

4.7　命令行提示:是否翻转顶棚? 是＝y/否＝n。如果翻转顶棚,键盘输入 y;如果不翻转顶棚,键盘输入 n,点击【Enter】键结束(见图 3-24)。

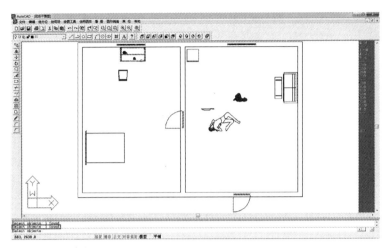

图 3-23　命令行提示:1 found

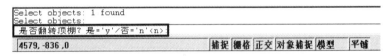

图 3-24　命令行提示:是否翻转顶棚

4.8　键盘输入 y,点击【Enter】键结束(见图 3-25)。

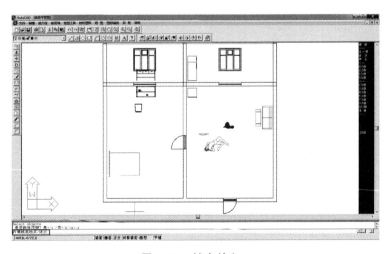

图 3-25　键盘输入 y

4.9 同上述4.1—4.8方法,按步骤展开左侧的墙,但不翻转顶棚(见图3-26)。

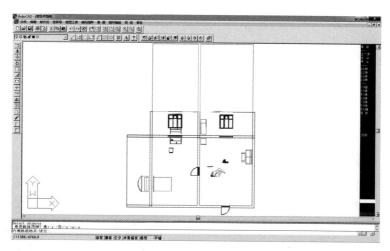

图3-26 展开左侧的墙

5. 特写。

5.1 点击【其他】菜单下的【特写】命令(见图3-27)。

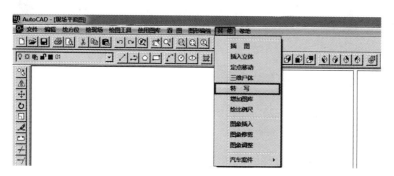

图3-27 【特写】命令

5.2 命令行提示:圆形特写=Y/方形特写=F(见图3-28)。

图3-28 命令行提示:圆形特写=Y/方形特写=F

　　5.3　插入圆形特写,键盘输入 Y,点击【Enter】键结束。命令行
提示:插入基点(见图 3-29)。

图 3-29　命令行提示:插入基点

　　5.4　将鼠标移动至要插入特写框的中心所在位置后单击左键,
命令行提示:比例(见图 3-30)。

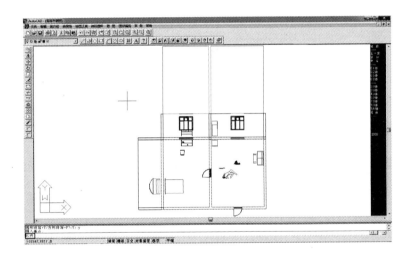

图 3-30　命令行提示:比例

　　5.5　此时移动鼠标可以发现拉出一条线(见图 3-31),长短表示
圆形特写框的半径。拉到合适长短的时候单击左键,即可生成特写
框(图 3-32)。

　　5.6　此时将鼠标移动至圆形特写框的边线上单击左键,出现许
多蓝色方块(见图 3-33)。

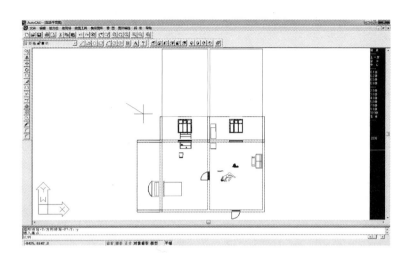

图 3-31　移动鼠标拉出一条线

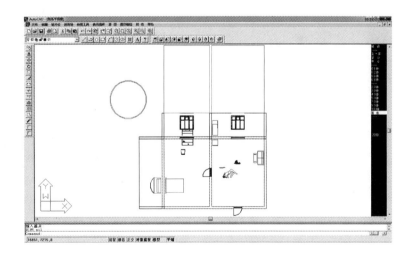

图 3-32　生成的特写框

5.7　选择距离痕迹、物证最近的蓝色方块单击左键,此时蓝色方块变为红色。拖动鼠标至痕迹、物证处(见图 3-34)。

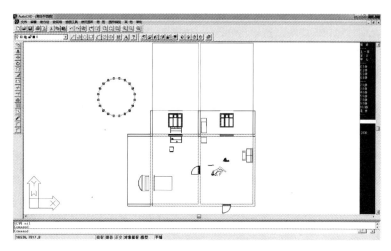

图 3-33　点击特写框，出现蓝色方块

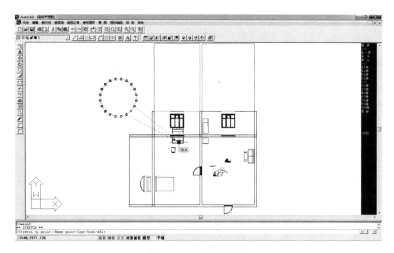

图 3-34　生成特写

5.8　点击【使用图库】菜单下的【痕迹物证】命令（见图 3-35）。

5.9　弹出【选择图例】的对话框，选择要特写的痕迹物证，点击【确认】按钮（见图 3-36）。

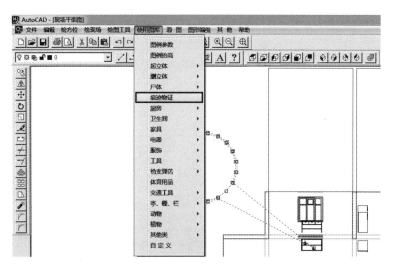

图 3-35 选择【痕迹物证】命令

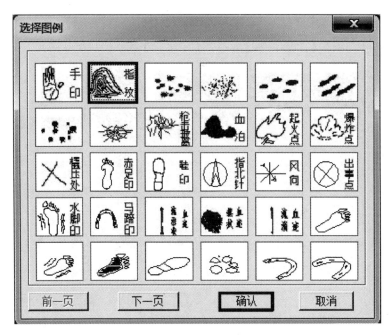

图 3-36 【痕迹物证】图例对话框

5.10 将鼠标移动至特写框内插入指纹(见图 3-37)。

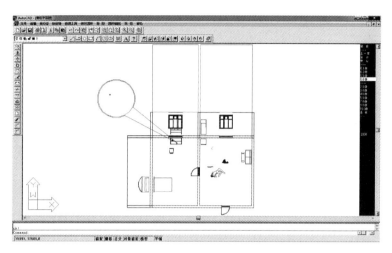

图 3-37 将指纹插入特写框内

6. 放大图例。

6.1 点击【图形编辑】菜单下的【比例】命令(见图 3-38)。

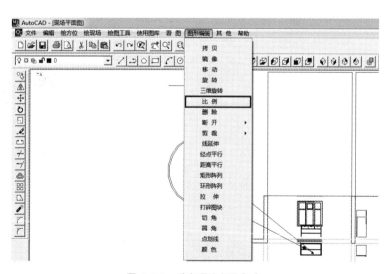

图 3-38 选择【比例】命令

6.2 此时,鼠标变为小方块,命令行提示:选择操作目标(见图 3-39)。

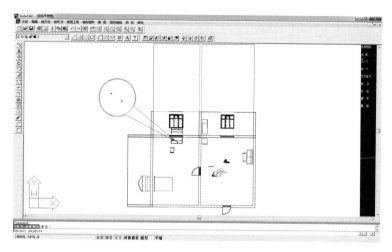

图 3-39 命令行提示:选择操作目标

6.3 将鼠标移动至指纹处单击左键,指纹变为虚线,命令行提示:1 found,表明已选中对象(见图 3-40)。

图 3-40 命令行提示:1 found

6.4 单击右键退出选择命令,命令行提示:输入基点(见图 3-41)。

图 3-41 命令行提示:输入基点

6.5 点击指纹,右侧弹出【相对方式】的屏幕菜单,命令行提示 R =相对方式/比例因子。此时可以在屏幕菜单选择放大倍数,也可以在命令行直接输入数字,点击【Enter】键结束(见图 3-42),指纹即可放大(见图 3-43)。

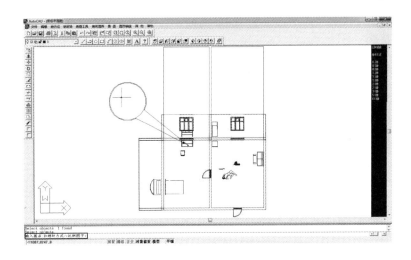

图 3-42 选择放大倍数

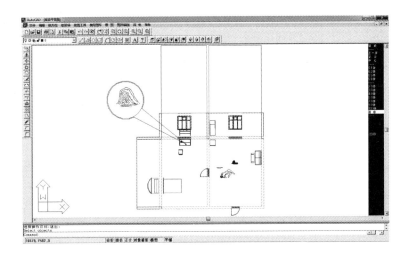

图 3-43 放大的指纹

6.6 如果指纹放大倍数仍不合适,可以采取上述方法继续放大(见图 3-44)。

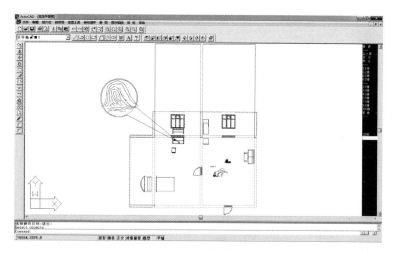

图 3-44 继续放大指纹

7. 生成图框文字。

7.1 点击【绘图工具】菜单下的【图框文字】命令（见图 3-45）。

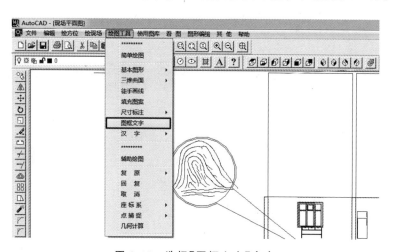

图 3-45 选择【图框文字】命令

7.2 命令行提示：第一点。将鼠标移动至展开图的左上角单击左键（见图 3-46）。

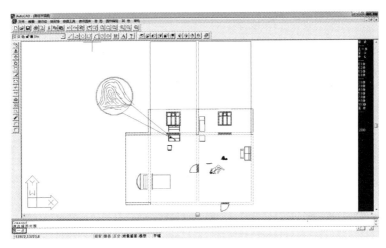

图 3-46　命令行提示：第一点

7.3　命令行提示：第二点（见图 3-47）。将鼠标移动至展开图的右下角单击左键，即可绘制好图框文字，同时右侧弹出屏幕菜单。绘制好图框文字后会自动生成一个指北针和一个简要案情的表格（图3-48）。

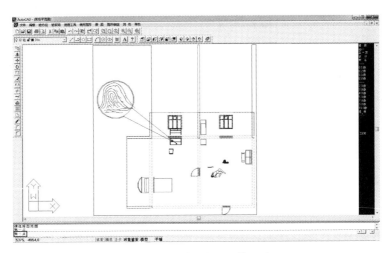

图 3-47　命令行提示：第二点

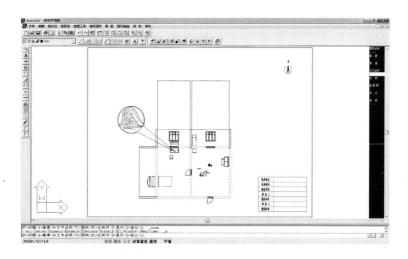

图 3-48 绘制好的图框文字

8. 输入标题。

8.1 点击屏幕菜单【标题】命令(见图 3-49),命令行提示:标题文字说明(见图 3-50)。

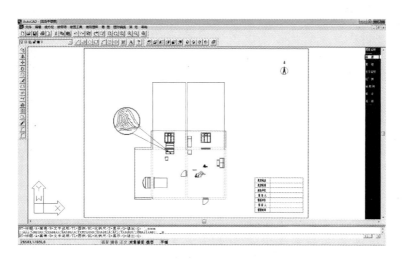

图 3-49 选择【标题】命令

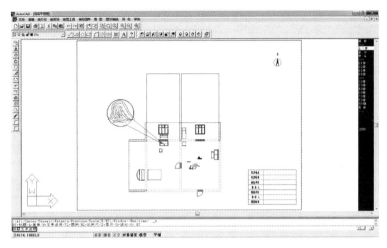

图 3-50　命令行提示:标题文字说明

8.2　切换输入法后键盘输入:2016.3.12 杀人案件现场平面展开图,点击【Enter】键结束(见图 3-51)。

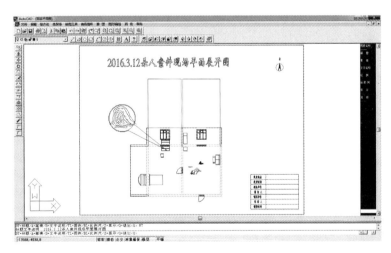

图 3-51　输入标题

9. 输入案情。

9.1　点击右侧屏幕菜单【案情】命令(见图 3-52)。

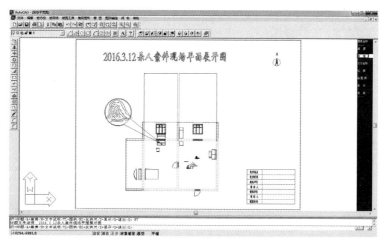

图 3-52　选择【案情】命令

9.2　命令行提示：案发地点（见图 3-53）。此时不可直接输入案发地点，需要将案情的表格部分局部放大。

图 3-53　命令行提示：案发地点

9.3　将鼠标移动至工具栏第一行 ⊕ 窗口缩放按钮处单击左键，命令行提示：First corner（见图 3-54）。此时将鼠标移动至要放大的案情部分的左上角点击鼠标左键，命令行提示：Other corner（见图 3-55）。拖动鼠标至案情部分的右下角点击鼠标左键即可将案情部分放大（见图 3-56）。

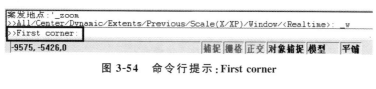

图 3-54　命令行提示：First corner

>>First corner: '_zoom
Invalid window specification.
>>First corner: >>Other corner:
17444, -6144,0

图 3-55　命令行提示：Other corner

AutoCAD
案发地点
案发时间
测绘单位
测 绘 人
制图单位
制 图 人
制图时间

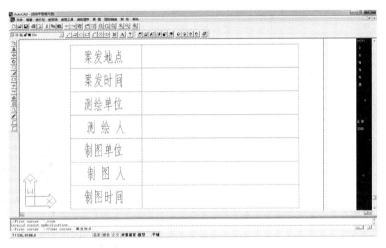

图 3-56 局部放大后的案情部分

9.4 根据命令行提示，逐一输入：案发地点、案发时间、测绘单位、测绘人、制图单位、制图人、制图时间等内容（见图 3-57）。

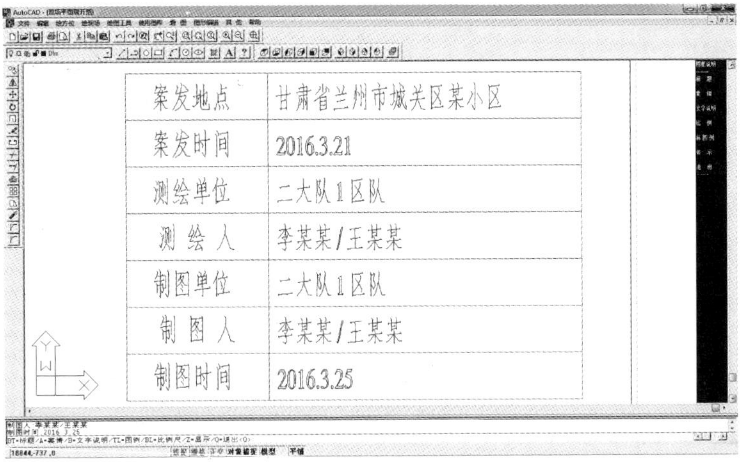

AutoCAD
案发地点
甘肃省兰州市城关区某小区
案发时间
2016.3.21
测绘单位
二大队1区队
测 绘 人
李某某/王某某
制图单位
二大队1区队
制 图 人
李某某/王某某
制图时间
2016.3.25

图 3-57 输入案情内容

9.5 将鼠标移动至 全图按钮处单击左键，即可返回至全图状态（见图 3-58）。

2016.3.12杀人案件现场平面展开图

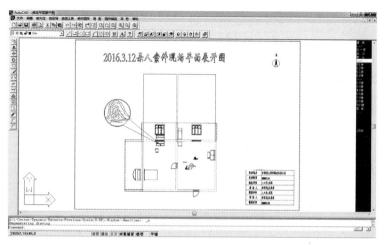

图 3-58　全图

10. 标图例。

10.1　将鼠标移动至右侧屏幕菜单上的【标图例】命令(见图 3-59)。

2016.3.12杀人案件现场平面展开图

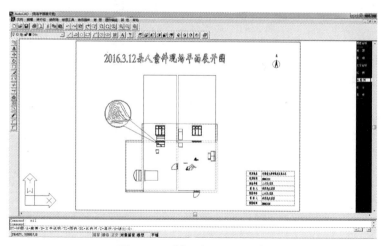

图 3-59　选择【标图例】命令

10.2　命令行提示:图例层数(见图 3-60)。

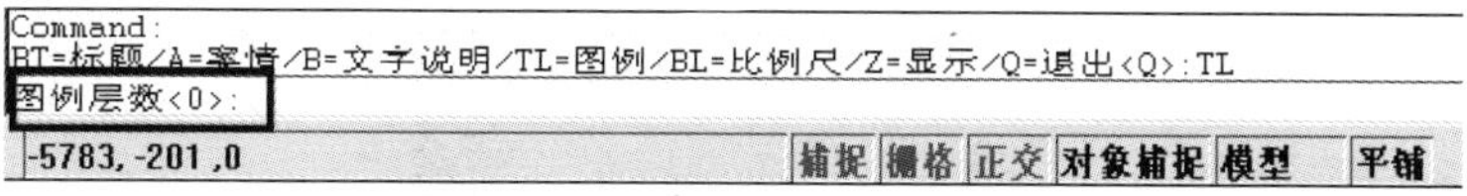

Command:
BT=标题/A=案情/B=文字说明/TL=图例/BL=比例尺/Z=显示/Q=退出<Q>:TL
图例层数<0>:
-5783,-201,0
捕捉 栅格 正交 对象捕捉 模型 平铺

图 3-60　命令行提示:图例层数

10.3　将鼠标移动至工具栏第一行 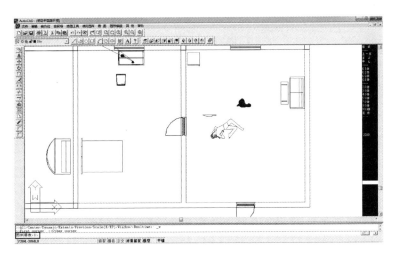窗口缩放按钮处单击左键。按照 9.3 的方法将现场平面展开图(不包括展开部分)局部放大(见图 3-61)。

图 3-61　局部放大后的展开图

10.4　根据命令行提示输入图例层数 6,点击【Enter】键。此时鼠标变为小方块,命令行提示:请选择图例(见图 3-62)。

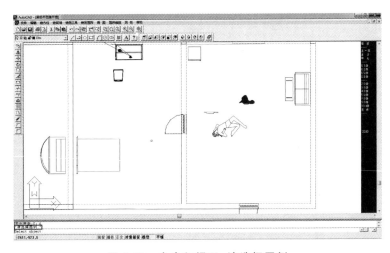

图 3-62　命令行提示:请选择图例

10.5　将鼠标移动到图例的边线上点击左键,命令行提示:请选择标示位置(见图 3-63)。

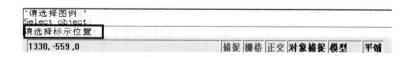

图 3-63　命令行提示:请选择标示位置

10.6　将鼠标移动至要标示图例的旁边空处点击左键,即可完成 1 个图例的标示(见图 3-64)。

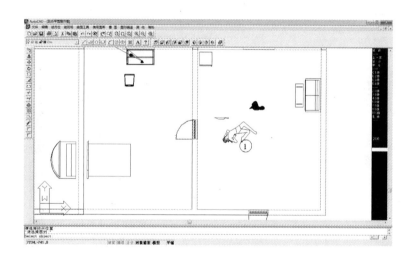

图 3-64　1 个图例标示成功

10.7　按照上述 10.5—10.6 的方法对其他图例进行标示(见图 3-65)。

10.8　将鼠标移动至 ⊕ 全图按钮处单击左键,即可返回至全图状态(见图 3-66)。

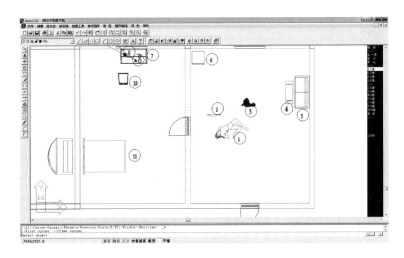

图 3-65 标好的图例

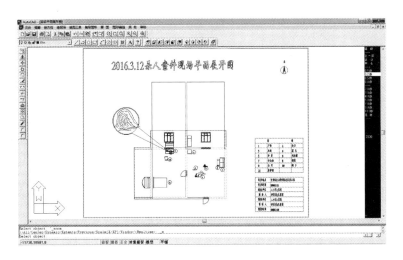

图 3-66 全图

11. 插入比例尺。

11.1 将鼠标移动至右侧屏幕菜单点击【比例】命令（见图 3-67）。

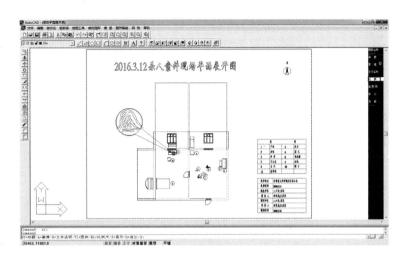

图 3-67 选择【比例】命令

11.2 命令行提示:自动测量比例＝1,用户给定比例＝2(见图 3-68)。

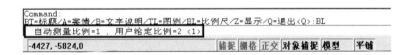

图 3-68 命令行提示:自动测量比例＝1,用户给定比例＝2

11.3 通常在命令行输入 1 自动测量,点击【Enter】键。命令行提示:图幅(a3/a4)(见图 3-69)。

图 3-69 命令行提示:图幅(a3/a4)

11.4 图幅选择默认值,直接点击【Enter】键。命令行提示:选插入图形(见图 3-70)。

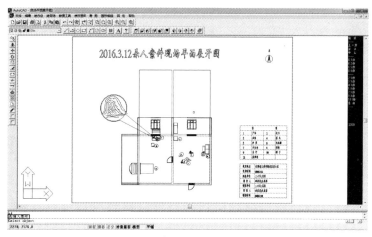

图 3-70 命令行提示：选插入图形

11.5 将鼠标移动至展开图任意一处单击左键，命令行提示：比例尺基点（插入比例尺的位置）（见图 3-71）。

图 3-71 命令行提示：比例尺基点

11.6 将鼠标移动至指北针下方空白处，单击左键即可插入比例尺（见图 3-72）。

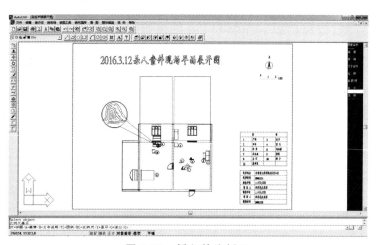

图 3-72 插入的比例尺

12．保存。

12.1　点击【文件】菜单下的【存盘】命令（见图 3-73）。

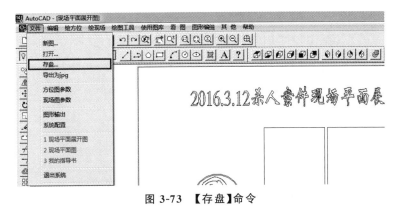

图 3-73　【存盘】命令

12.2　弹出【Save Drawing As】对话框，输入文件名后，点击【保存】按钮（见图 3-74）。

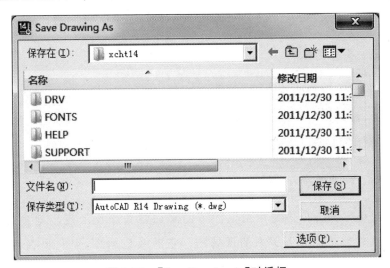

图 3-74　【Save Drawing As】对话框

五、实训作业

1．根据所学的绘制现场平面展开图的方法，绘制自己家或宿舍的现场平面展开图。

2. 根据教师布置的现场,使用 AutoCAD 软件制作一份现场平面展开图,并完成实训报告。

实训项目四　现场方位图的绘制

一、实训目的

1. 掌握 AutoCAD 软件的基本操作方法。
2. 掌握现场方位图的绘制方法。
3. 掌握 AutoCAD 软件中"绘现场"基本功能的使用。

二、实训条件

安装有 AutoCAD 软件(现场绘图新世纪超强版软件:由沈阳德为天地软件有限公司开发的公安案件现场计算机绘图系统)的计算机。

三、实训方法

1. 学生以班为单位,独立完成实训。
2. 教师布置现场,学生按照绘图要求使用 AutoCAD 软件完成现场方位图的绘制。

四、实训基本知识

现场平面方位图是用由上而下的平面视角来反映现场地理位置与现场物体之间相互关系的现场图。它涉及范围广,因此观察、测量与绘制都较为繁琐,在实际工作中除通过观察、测量然后进行绘制的方法制作以外,还可通过现成的交通地图、城镇规划图或者卫星照片甚至航拍照片加工而成。从使用情况看,交通地图和城镇规划图往往不够准确,卫星照片也经常有过时的情况,所以这些可以作为绘制现场平面方位图的参考,但不能不顾实际情况生搬硬套,甚至原样复制或剪贴;航拍照片虽然具有清晰度高、涵盖范围广的优点,但属于现场照相的范畴,不能够替代现场平面方位图,况且拍摄成本较高,即便有条件,也不宜采用。规范的现场平面方位图,还是需要在观测的基础上绘制完成。

五、实训步骤与方法

1. 设置方位图参数。点击【文件】菜单下的【方位图参数】命令(见图 4-1),弹出【绘制道路参数】对话框,输入 X 方向、Y 方向和道路宽度的实际数值,点击【确认】即可(见图 4-2)。

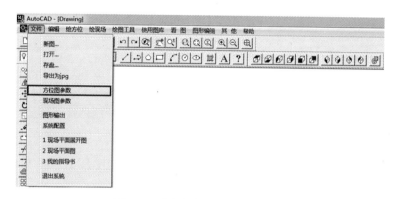

图 4-1　选择【方位图参数】命令

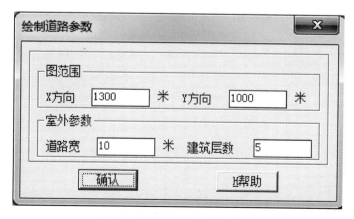

图 4-2　【绘制道路参数】对话框

2. 绘制道路或街道。

2.1 点击【绘方位】菜单下的【路—街道】命令（见图 4-3）。

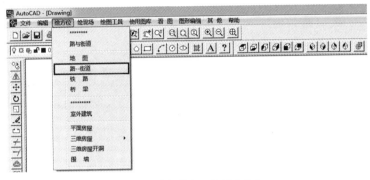

图 4-3 选择【路—街道】命令

2.2 命令行提示:起始点（见图 4-4）。

图 4-4 命令行提示:起始点

2.3 绘制道路一端:将鼠标移动到空白工作区域中要添加道路的位置单击左键。命令行提示:下一点（见图 4-5）。

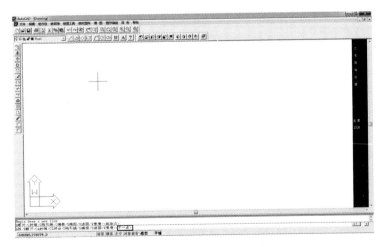

图 4-5 命令行提示:下一点

2.4　将鼠标移动一段距离(表示道路的长度)后单击左键,图4-6 为绘制好的一条道路。此时命令行继续提示:下一点。点击右键退出【路—街道】命令。

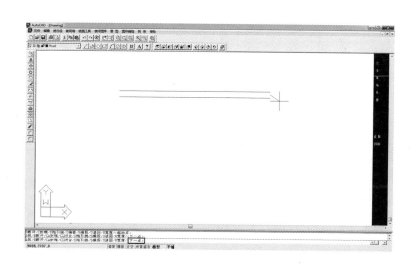

图 4-6　绘制好的道路

2.5　此时命令行又提示:起始点(见图 4-7)。按照上述 2.3—2.4 方法继续绘制另一条道路(见图 4-8)。

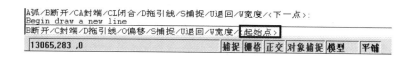

图 4-7　命令行又提示:起始点

3. 绘制交叉的十字路口。点击【绘方位】菜单下的【路—街道】命令,按照上述 2.3—2.4 的方法在绘制的时候将鼠标移动至已绘制好的道路的上方然后拖动到道路的下方,要超出两条路边(见图 4-9)。

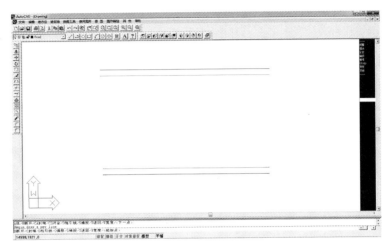

图 4-8　绘制另一条道路

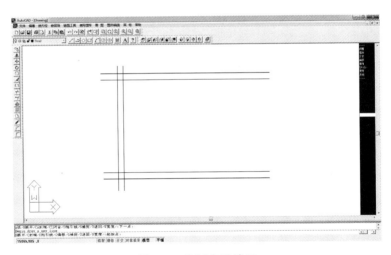

图 4-9　绘制交叉路口

4.【井形】命令。

4.1　单击【图形编辑】菜单下的【剪裁】—【井形】命令（见图 4-10）。

4.2　命令行提示：第一角点。此时，移动鼠标至交叉路口的左上角位置单击左键（见图 4-11）。

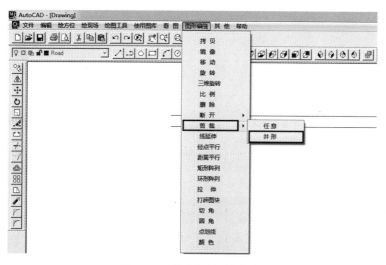

图 4-10　选择【井形】命令

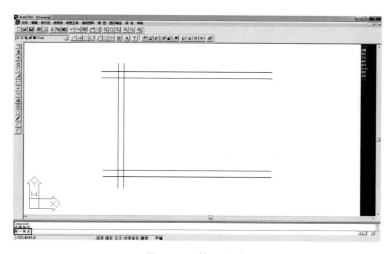

图 4-11　第一角点

4.3　命令行提示:第二角点。拖动鼠标至交叉路口的右下角位置单击左键,十字路口剪裁完毕(见图 4-12)。

4.4　同理,采用【井形】命令将另一个交叉路口剪裁(见图4-13)。

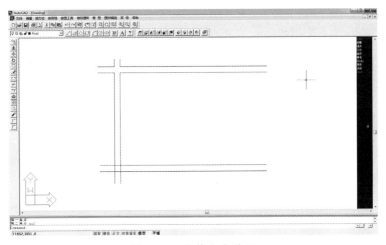

图 4-12　剪裁十字路口

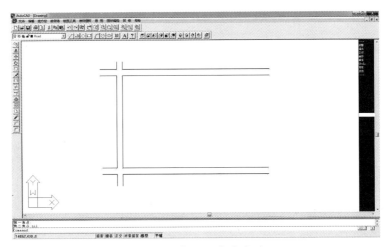

图 4-13　剪裁另一个十字路口

5．绘制丁字路口。点击【绘方位】菜单下的【路—街道】命令，将鼠标移动至一条道路内线处单击左键，命令行提示：下一点（见图 4-14）。然后移动鼠标到另一条道路的内线处单击左键即可（见图 4-15）。

```
Begin draw a new line
B断开/C封端/D拖引线/O偏移/S捕捉/U退回/W宽度/<起始点>:
A弧/B断开/CA封端/CL闭合/D拖引线/S捕捉/U退回/W宽度/下一点:
6803,397 ,0                          捕捉 栅格 正交 对象捕捉 模型 平铺
```

图 4-14　命令行提示：下一点

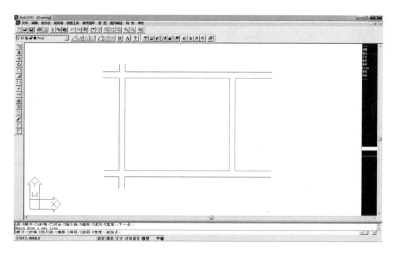

图 4-15　绘制丁字路口

6.　绘制房屋。

6.1　点击【绘方位】菜单下的【平面房屋】命令（见图 4-16）。

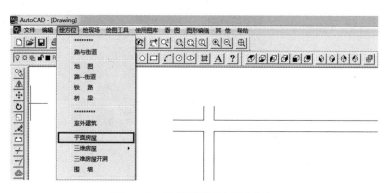

图 4-16　选择【平面房屋】命令

6.2　弹出【选择房屋平面类型】对话框（见图 4-17）。

6.3　选择其中一种房屋类型，被选择的对象将会以反色显示，点击【确认】退出（见图 4-18）。

6.4　命令行提示：矩形房屋对角线第一点（见图 4-19）。

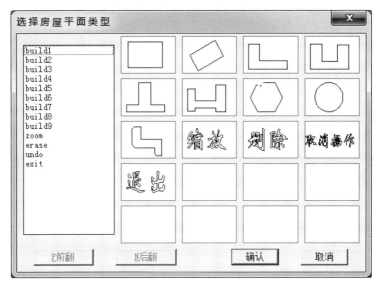

图 4-17 【选择房屋平面类型】对话框

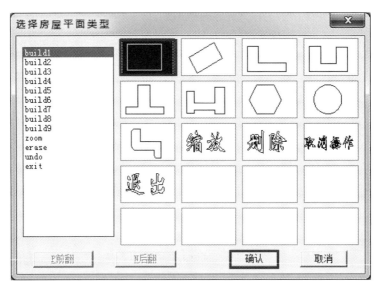

图 4-18 选择房屋类型

```
Command:
选择图案提示的操作
(矩形房屋)对角线第一点
12721,1528 ,0          捕捉 栅格 正交 对象捕捉 模型 平铺
```

图 4-19 命令行提示:矩形房屋对角线第一点

6.5 将鼠标移动至要添加房屋的位置单击鼠标左键,命令行提示:第二点,移动鼠标到另一点后单击左键,即可绘制出一个平面房屋(见图 4-20)。

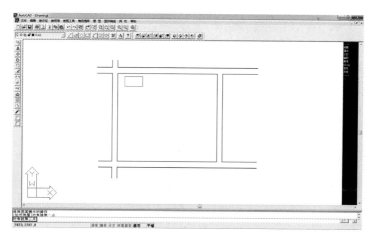

图 4-20 绘制平面房屋

6.6 点击鼠标右键弹出【选择房屋平面类型】对话框,单击【退出】并【确认】即可退出【平面房屋】命令(见图 4-21)。

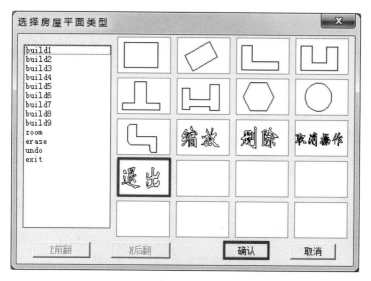

图 4-21 退出【平面房屋】命令

7. 拷贝。

7.1 剩余的房屋可以采用【拷贝】的方式插入。点击【图形编辑】菜单下的【拷贝】命令。

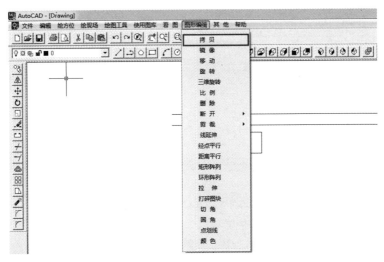

图 4-22 选择【拷贝】命令

7.2 命令行提示:选择操作目标。鼠标变为小方块(见图 4-23)。

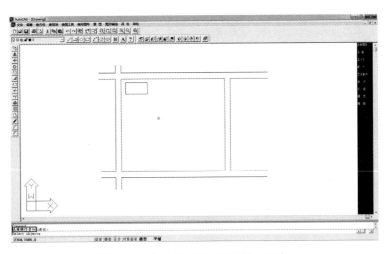

图 4-23 命令行提示:选择操作目标

7.3　将鼠标移动至要拷贝对象的边线上单击左键,房屋变为虚线,表明已被选中,命令行提示:1 found(见图 4-24)。

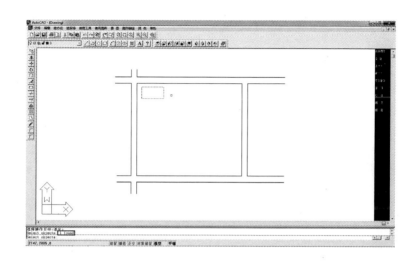

图 4-24　选择对象

7.4　单击鼠标右键退出选择,命令行提示:输入位移的第二点(见图 4-25)。

图 4-25　命令行提示:输入位移的第二点

7.5　此时将鼠标移动至平面房屋的中心,单击左键并拖动鼠标至另一位置后单击,一间房屋拷贝成功。命令行提示:选择操作目标,鼠标变为小方块(见图 4-26)。

7.6　按照上述 7.1—7.5 的方法继续拷贝房屋(见图 4-27)。

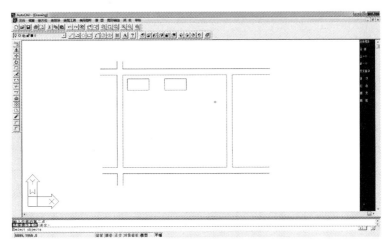

图 4-26 复制第二个个房屋

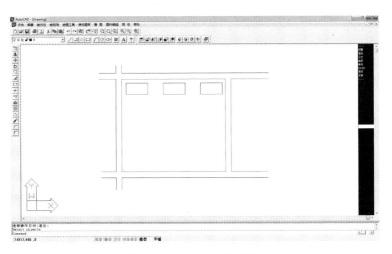

图 4-27 拷贝第三个房屋

7.7 还可以对多个房屋拷贝。命令行提示：选择操作目标。移动鼠标到第一个房屋的左上角单击左键，命令行提示：Other corner（见图 4-28）。

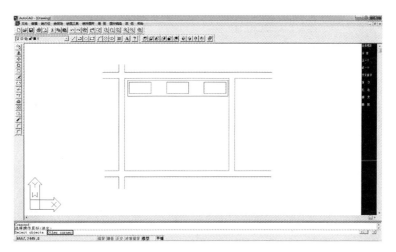

图 4-28 命令行提示：Other corner

7.8 将鼠标移动至第三个房屋的右下角单击鼠标左键，三个房屋变为虚线，命令行提示：3 found，表明三个房屋同时选择（见图4-29）。

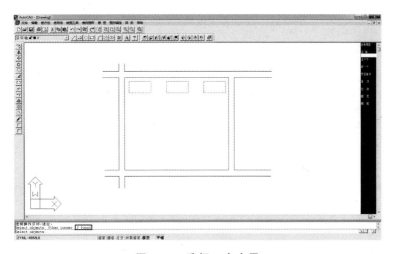

图 4-29 选择三个房屋

7.9 单击右键退出选择命令，命令行提示：输入基点或位移（见图 4-30）。

图 4-30 命令行提示：输入基点或位移

7.10 将鼠标移动至三个房屋中的任意一个房屋上单击鼠标左键并向下拖动，命令行提示：输入位移的第二点（见图 4-31）。

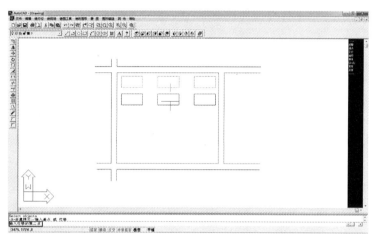

图 4-31 命令行提示：输入位移的第二点

7.11 移动到另一个合适的位置后点击鼠标左键，即可完成对三个房屋的拷贝（见图 4-32）。

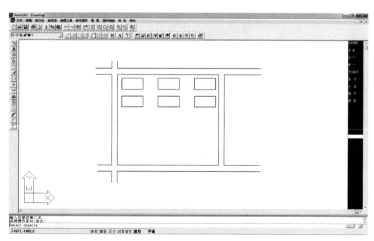

图 4-32 拷贝三个房屋

7.12 按照上述 7.7—7.11 的方法完成对房屋的拷贝,拷贝好的房屋见图 4-33。

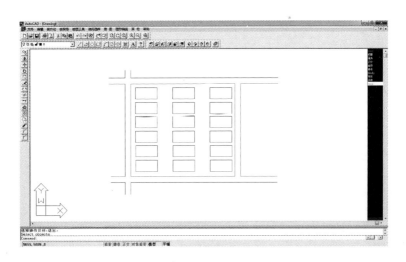

图 4-33 拷贝好的房屋

8. 生成三维房屋。

8.1 点击【绘方位】菜单下的【三维房屋】—【三维房屋生成】命令(见图 4-34)。

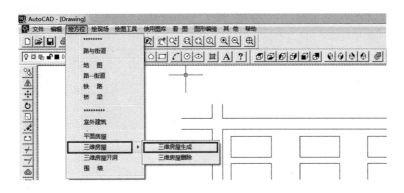

图 4-34 选择【三维房屋生成】命令

8.2 弹出屏幕菜单显示选择层数(见图 4-35)。

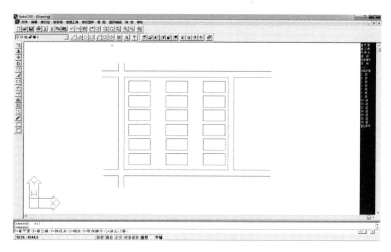

图 4-35 选择楼层数

8.3 根据实际情况单击左键选择楼层数,如第一列房屋为 5 层,点击屏幕菜单的 5 层,鼠标变为小方块,命令行提示:选择平面房屋图形(见图 4-36)。

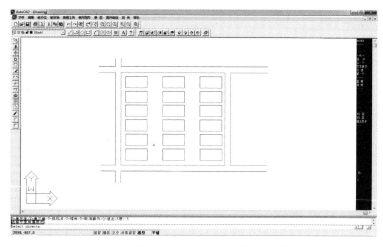

图 4-36 命令行提示:选择平面房屋图形

8.4 将鼠标移动至第一列房屋的第一间房屋的左上角单击左键,命令行提示:Other corner(见图 4-37)。

图 4-37 命令行提示:other corner

8.5 移动鼠标至第一列房屋的最后一间房屋的右下角单击左键,命令行提示:6 found,第一列房屋变为虚线,表明 6 个房屋被选择(见图 4-38)。

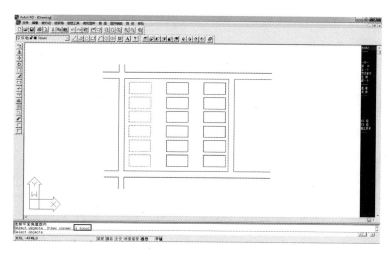

图 4-38 选择 6 个房屋

8.6 单击鼠标右键退出选择,屏幕菜单上继续提示选择楼层数(见图 4-39)。

8.7 如剩余房屋选择 12 层,命令行提示:选择平面房屋图形(见图 4-40)。按照上述 8.3—8.5 的方法选择剩余房屋,选择后的房屋变为虚线(见图 4-41)。单击右键退出选择,此时所有房屋已生成立体。

8.8 点击【看图】菜单下的【轴侧图】命令(见图 4-42)。

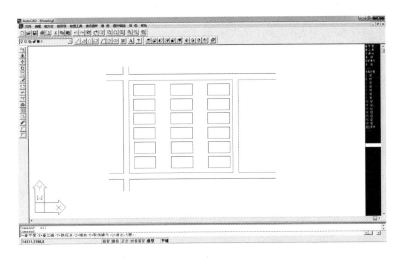

图 4-39　屏幕菜单上提示选择楼层数

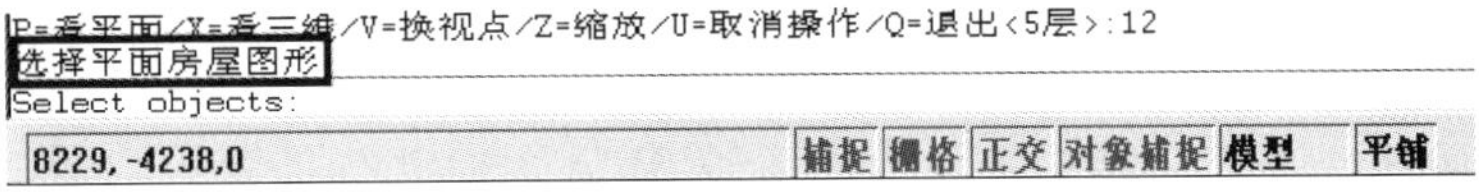

P=看平面/X=看三维/V=换视点/Z=缩放/U=取消操作/Q=退出<5层>:12
选择平面房屋图形
Select objects:

8229,-4238,0　　　　　　　　捕捉 栅格 正交 对象捕捉 模型　平铺

图 4-40　命令行提示:选择平面房屋图形

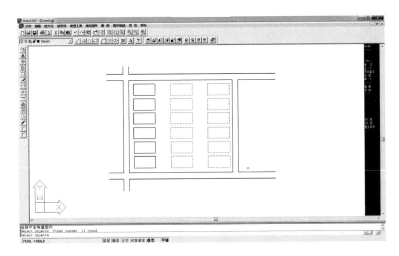

图 4-41　选择剩余房屋

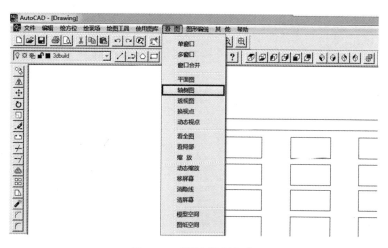

图 4-42　【轴侧图】命令

8.9　生成的三维房屋（见图 4-43）。

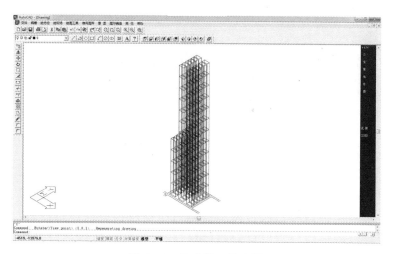

图 4-43　生成的三维房屋

9. 平面图状态。点击【看图】菜单下的【平面图】命令（见图 4-44），即可回到平面图状态。

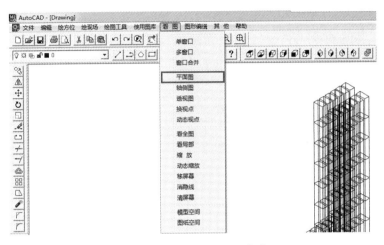

图 4-44　选择【平面图】命令

10. 插入痕迹物证。

10.1　点击【使用图库】菜单下的【痕迹物证】命令（见图 4-45）。

图 4-45　选择【痕迹物证】命令

10.2　弹出【选择图例】对话框，单击左键选择【出事点】图例，点击【确认】退出（见图 4-46）。

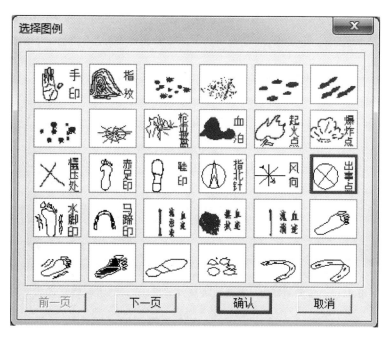

图 4-46　【选择图例】对话框

10.3　此时鼠标变为出事点样式,命令行提示:左键确定插入点
(见图 4-47)。

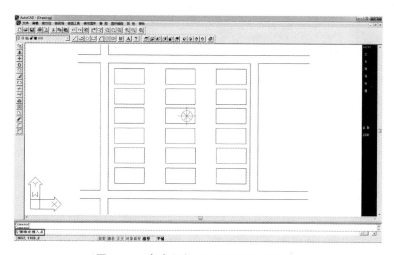

图 4-47　命令行提示:左键确定插入点

10.4 将鼠标移动至出事点的位置点击左键,命令行提示:左键确定旋转角度,右键表示旋转角度为 0(见图 4-48)。

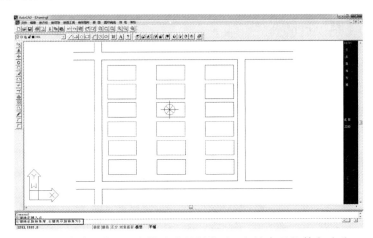

图 4-48 命令行提示:左键确定旋转角度,右键表示旋转角度为 0

10.5 直接单击鼠标右键,出事点的图例便会插入到方位图中,此时又会弹出【选择图例】对话框,如果继续插入图例,按照上述 10.2—10.4 的方法操作;如果需要退出,点击【取消】即可(见图 4-49)。

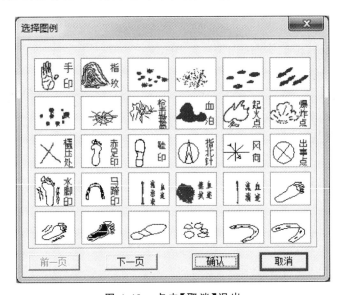

图 4-49 点击【取消】退出

10.6　图 4-50 为插入的出事点。

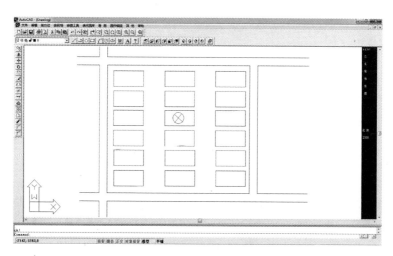

图 4-50　插入的出事点

11. 命名道路。

11.1　点击【绘图工具】菜单下的【汉字】—【动态文字】命令（见图 4-51）。

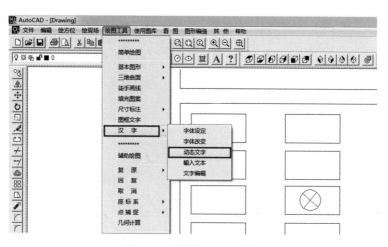

图 4-51　【动态文字】命令

11.2　命令行提示：Start point（见图 4-52）。

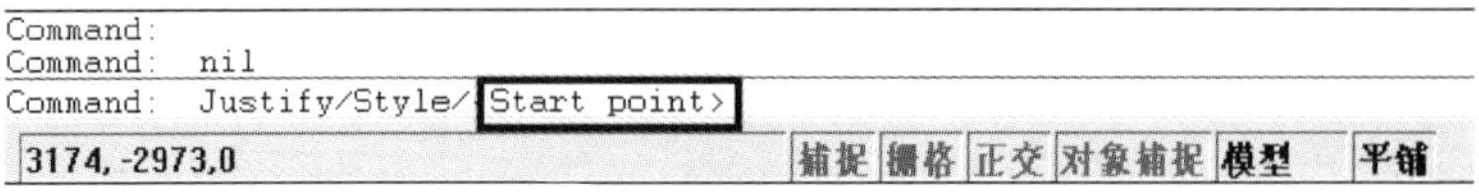

```
Command:
Command:  nil
Command:  Justify/Style/ Start point>
```
```
3174, -2973,0          捕捉 栅格 正交 对象捕捉 模型    平铺
```

图 4-52 命令行提示 : **Start point**

11.3 将鼠标移动至要命名的道路中间单击左键。命令行提示 : Height(见图 4-53)。Height 指的是动态文字的高度,向下移动鼠标到一定高度后单击左键。

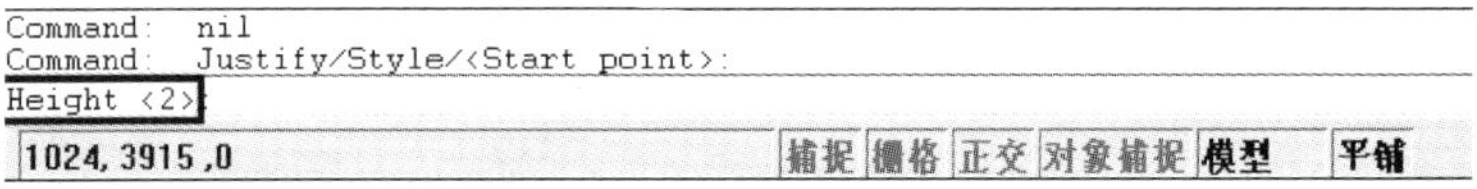

```
Command:  nil
Command:  Justify/Style/<Start point>:
Height <2>
```
```
1024, 3915 ,0          捕捉 栅格 正交 对象捕捉 模型    平铺
```

图 4-53 命令行提示 : **Height**

11.4 命令行提示 : Rotation(见图 4-54)。Rotation 指的是文字的宽度,向右移动鼠标到一定宽度后单击左键即可。

```
Command:  Justify/Style/<Start point>:
Height <2>:
Rotation angle <0>:
```
```
1024, 3604 ,0          捕捉 栅格 正交 对象捕捉 模型    平铺
```

图 4-54 命令行提示 : **Rotation**

11.5 此时命令行提示 : Text。即可开始输入文字(见图 4-55)。

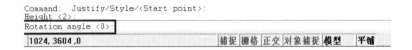
```
Text:
Text:
Text:
```
```
474, -2758,0          捕捉 栅格 正交 对象捕捉 模型    平铺
```

图 4-55 命令行提示 : **Text**

11.6 输入道路名称,点击 2 次【Enter】键确认文字输入(见图4-56)。

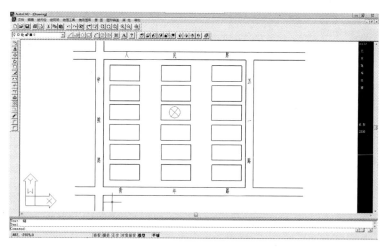

图 4-56　输入道路名称

12. 生成图框文字。

12.1　点击【绘图工具】菜单下的【图框文字】命令（见图 4-57）。

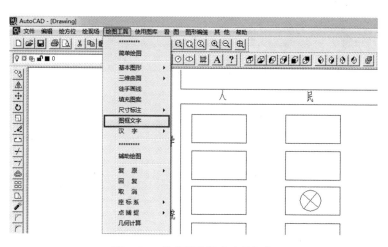

图 4-57　选择【图框文字】命令

12.2　根据命令行提示将鼠标移动至方位图左上角单击左键，再移动至右下角单击左键，即绘制好图框文字。此时绘图区会自动生成一个指北针和一个简要案情的表格，并弹出屏幕菜单（见图 4-58）。

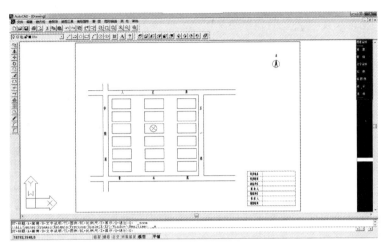

图 4-58　生成图框文字

13. 输入标题。点击【标题】命令，命令行提示：标题文字说明。切换输入法输入"2016.3.21 杀人案件现场方位图"，点击【Enter】键确认（见图 4-59）。

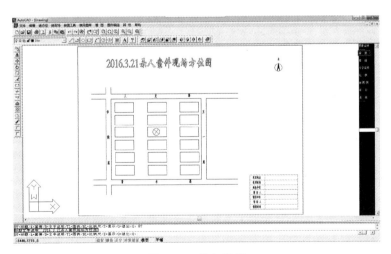

图 4-59　输入标题

14. 输入案情。

14.1　点击屏幕菜单【案情】命令（见图 4-60）。

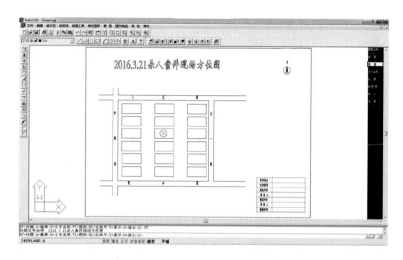

图 4-60　选择【案情】命令

14.2　命令行提示：案发地点。将鼠标移动至第一行工具栏
窗口缩放按钮处单击左键，命令行提示：First corner（见图 4-61）。此
时将鼠标移动至要放大的案情部分的左上角处点击鼠标左键，命令
行提示：Other corner（见图 4-62）。拖动鼠标至案情部分的右下角点
击鼠标左键即可将案情部分放大（见图 4-63）。

```
案发地点:'_zoom
>>All/Center/Dynamic/Extents/Previous/Scale(X/XP)/Window/<Realtime>: _w
>>First corner:
```
-9575,-5426,0　　　　　　　　　　　　捕捉 栅格 正交 对象捕捉 模型　平铺

图 4-61　命令行提示：First corner

```
>>First corner: '_zoom
Invalid window specification.
>>First corner: >>Other corner:
```
17444,-6144,0　　　　　　　　　　　　捕捉 栅格 正交 对象捕捉 模型　平铺

图 4-62　命令行提示：Other corner

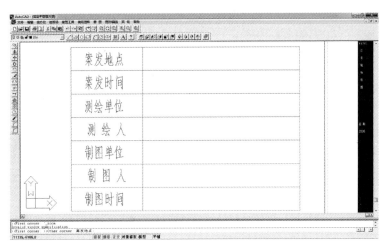

图 4-63　局部放大后的案情部分

14.3　根据命令行提示,逐一输入:案发地点、案发时间、测绘单位、测绘人、制图单位、制图人、制图时间等内容(见图 4-64)。

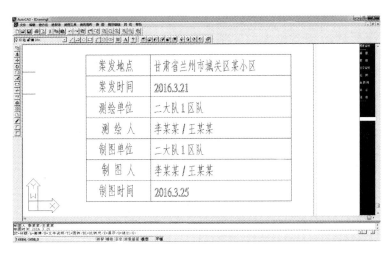

图 4-64　输入案情内容

15. 标图例。

15.1　将鼠标移动至工具栏 ⊕ 全图按钮处单击左键,即可返回至全图状态,点击屏幕菜单上的【标图例】命令(见图 4-65)。

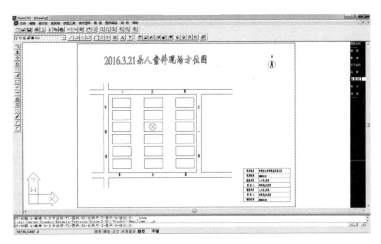

图 4-65 选择【标图例】命令

15.2 命令行提示：图例层数（见图 4-66）。

图 4-66 命令行提示：图例层数

15.3 输入 1，点击【Enter】键，即可自动生成图例的表格。此时鼠标变为小方块，命令行提示：请选择图例（见图 4-67）。

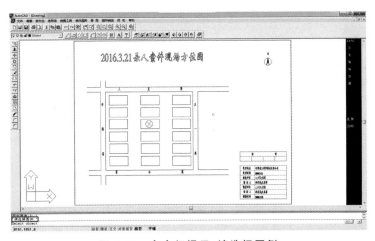

图 4-67 命令行提示：请选择图例

15.4 将鼠标移动至出事点的图例上单击左键,命令行提示:请选择标示位置(见图 4-68)。

图 4-68 命令行提示:请选择标示位置

15.5 将鼠标移动至出事点的图例旁边的空白处单击左键,即可完成对图例的标注(见图 4-69)。

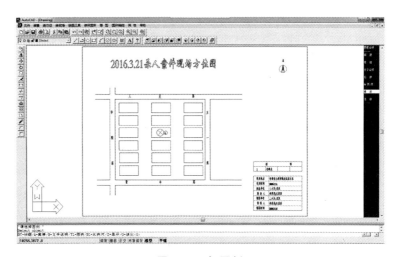

图 4-69 标图例

16. 比例尺。

16.1 点击屏幕菜单【比例】命令(见图 4-70)。

16.2 命令行提示:自动测量比例＝1,用户给定比例＝2(见图 4-71)。

16.3 输入 1,点击【Enter】键,命令行提示:图幅(a3/a4)。直接点击【Enter】键选择默认(见图 4-72)。

16.4 命令行提示:选择插入图形(见图 4-73)。

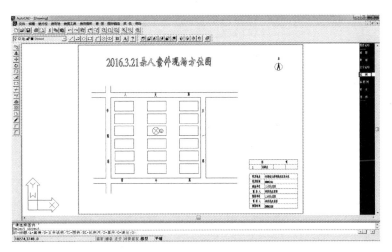

图 4-70 选择【比例】命令

```
Select object:
BT=标题/A=案情/B=文字说明/TI=图例/BL=比例尺/Z=显示/Q=退出<Q>:BL
  自动测量比例=1，用户给定比例=2 <1>
-3597,-4835,0                        捕捉 栅格 正交 对象捕捉 模型 平铺
```

图 4-71 命令行提示：自动测量比例＝1，用户给定比例＝2

```
BT=标题/A=案情/B=文字说明/TI=图例/BL=比例尺/Z=显示/Q=退出<Q>:BL
  自动测量比例=1，用户给定比例=2 <1>:
图幅(a4/a3)<a4>
-3597,-4835,0                        捕捉 栅格 正交 对象捕捉 模型 平铺
```

图 4-72 命令行提示：图幅(a3/a4)

```
a4
选择插入图形
Select object:
12149,57 ,0                          捕捉 栅格 正交 对象捕捉 模型 平铺
```

图 4-73 命令行提示：选择插入图形

16.5 将鼠标移动至方位图上任意地方单击左键，命令行提示：
比例尺基点(见图 4-74)。

```
选择插入图形:
Select object:
比例尺基点
4248,586 ,0                          捕捉 栅格 正交 对象捕捉 模型 平铺
```

图 4-74 命令行提示：比例尺基点

16.6 将鼠标移动至指北针下方点击左键,即可插入比例尺(见图 4-75)。

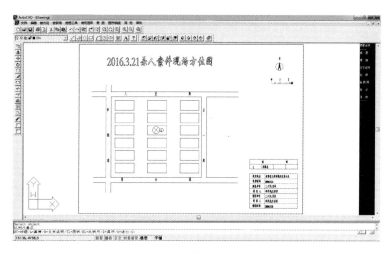

图 4-75 插入比例尺

17. 保存。

17.1 点击【文件】菜单下的【存盘】命令(见图 4-76)。

图 4-76 选择【存盘】命令

17.2 弹出【Save Drawing As】对话框,输入文件名,点击保存即可完成现场方位图的绘制(见图 4-77)。

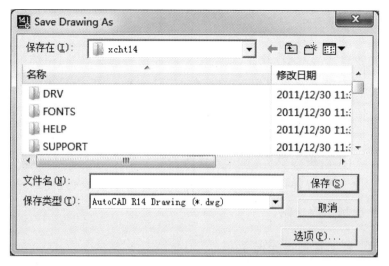

图 4-77　【Save Drawing As】对话框

六、实训作业

1. 根据所学绘制现场方位图的方法,绘制自己家或宿舍的现场方位图。

2. 根据教师布置的现场,使用 AutoCAD 软件绘制一份现场方位图,并完成实训报告。

实训项目五　汽车案件现场图的绘制

一、实训目的

1. 掌握 AutoCAD 软件的基本操作方法。

2. 掌握汽车案件现场的绘制方法。

3. 掌握 AutoCAD 软件中"汽车案件"基本功能的使用。

二、实训条件

安装有 AutoCAD 软件(现场绘图新世纪超强版软件:由沈阳德为天地软件有限公司开发的公安案件现场计算机绘图系统)的计算机。

三、实训方法

1. 学生以班为单位,独立完成实训。

2. 教师布置现场,学生按照绘图要求使用 AutoCAD 软件完成汽车案件现场图的绘制。

四、实训步骤与方法

汽车案件现场的绘制均在【其他】菜单下面的【汽车案件】命令中。

1. 插入平面汽车。

1.1　打开 AutoCAD 软件,点击【其他】菜单下的【汽车案件】—【汽车平面】命令(见图 5-1)。

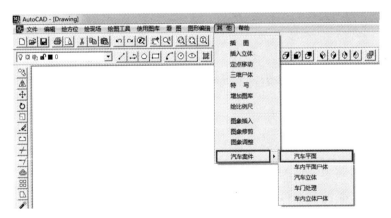

图 5-1　【汽车案件】命令

1.2　命令行提示:键盘输入 1 表示三厢轿车,2 表示二厢轿车,3

表示面包车，4 表示越野车，5 表示卡车，6 表示客车（见图 5-2）。

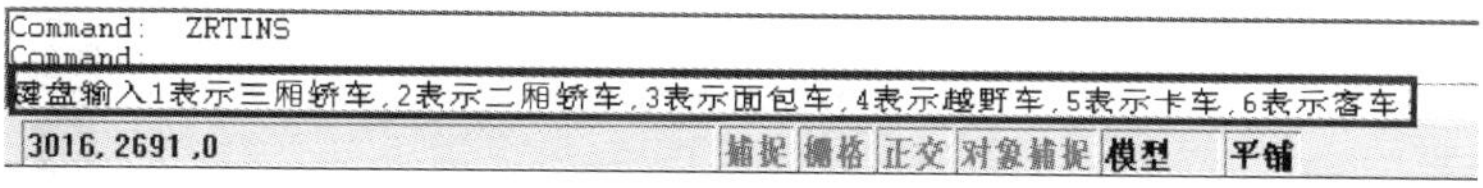

Command: ZRTINS
Command:
键盘输入1表示三厢轿车,2表示二厢轿车,3表示面包车,4表示越野车,5表示卡车,6表示客车
3016, 2691 ,0
捕捉 栅格 正交 对象捕捉 模型 平铺

图 5-2　【汽车平面】命令行提示

1.3　根据现场情况选择，如三厢轿车，键盘输入 1，点击【Enter】键结束。此时鼠标变为所选择的【汽车】图样，命令行提示：鼠标左键确定键入点（见图 5-3）。

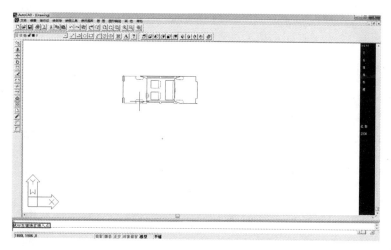

图 5-3　鼠标变为【汽车】图样

1.4　单击鼠标左键，命令行提示：鼠标左键确定转角（见图 5-4）。

1
鼠标左键确定插入点:
鼠标左键确定转角
115, -4304,0
捕捉 栅格 正交 对象捕捉 模型 平铺

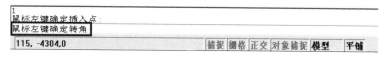

图 5-4　命令行提示：鼠标左键确定转角

1.5　此时如果移动鼠标，可以发现汽车的角度发生变化（见图 5-5），选择好角度后，可以单击左键将汽车插入；如果不需要变换角度，可以直接单击鼠标右键插入汽车（见图 5-6）。

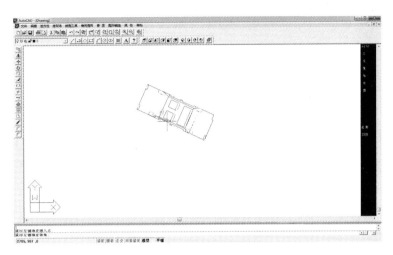

图 5-5　变换汽车角度

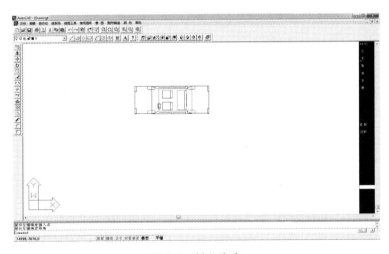

图 5-6　插入汽车

2．插入平面尸体。

2.1　点击【其他】菜单下的【汽车案件】—【车内平面尸体】命令（见图 5-7）。

2.2　命令行提示：键盘输入 1 表示司机正坐姿，2 表示乘客前倾坐姿，3 表示司机后仰坐姿，4 表示乘客后仰坐姿，5 表示右侧卧，6 表示左侧卧（见图 5-8）。

AutoCAD - [Drawing]
文件 编辑 绘方位 绘现场 绘图工具 使用图库 看图 图形编组 其他 帮助
插 图
插入立体
定点移动
三维尸体
特 写
增加图库
绘比例尺
图象插入
图象修剪
图象调整
汽车案件
汽车平面
车内平面尸体
汽车立体
车门处理
车内立体尸体

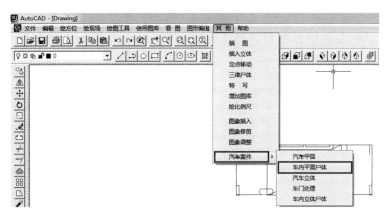

图 5-7　选择【车内平面尸体】命令

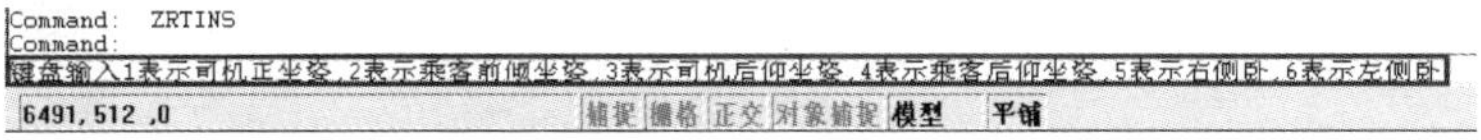

Command: ZRTINS
Command:
键盘输入1表示司机正坐姿,2表示乘客前倾坐姿,3表示司机后仰坐姿,4表示乘客后仰坐姿,5表示右侧卧,6表示左侧卧
6491, 512 ,0
捕捉 栅格 正交 对象捕捉 模型 平铺

图 5-8　【车内平面尸体】命令行

2.3　根据现场情况选择，如司机正坐姿，键盘输入 1，点击【Enter】键结束。此时鼠标变为下图所示的小方块，命令行提示：鼠标左键选择汽车平面（见图 5-9）。

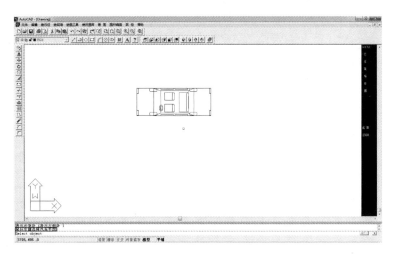

图 5-9　命令行提示：鼠标左键选择汽车平面

2.4 将鼠标移至汽车边线上单击鼠标左键即可插入平面尸体。可以根据实际情况将尸体在车内任何位置移动（见图 5-10）。

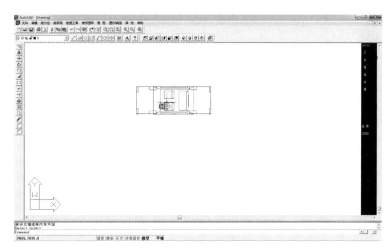

图 5-10 插入平面尸体

3.汽车立体。

3.1 点击【其他】菜单下的【汽车案件】—【汽车立体】命令（见图 5-11）。

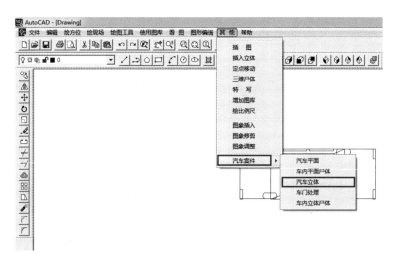

图 5-11 选择【汽车立体】命令

3.2 命令行提示:键盘输入 1 表示图中所有平面汽车生成三维汽车,输入 2 表示鼠标左键选择一个平面汽车生成三维汽车(见图5-12)。

```
Command:  ZRTINS
Command:
键盘输入1表示图中所有平面汽车生成三维汽车,输入2表示鼠标左键选择一个平面汽车生成三维汽车<1>
10704,217 ,0          捕捉 栅格 正交 对象捕捉 模型  平铺
```

图 5-12 【汽车立体】命令行

3.3 根据现场情况选择,如图中所有平面汽车生成三维汽车,键盘输入 1,点击【Enter】键结束(见图 5-13)。

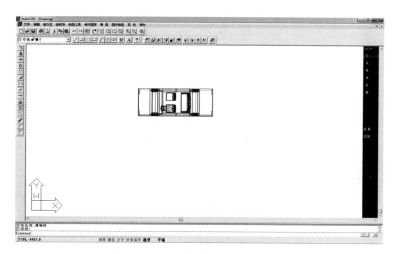

图 5-13 平面汽车变为立体汽车

4. 生成立体尸体。

4.1 点击【其他】菜单下的【汽车案件】—【车内立体尸体】命令(见图 5-14)。

4.2 命令行提示:键盘输入 1 表示图中所有二维尸体生成三维尸体,输入 2 表示鼠标左键选择一个汽车内二维尸体生成三维尸体(见图 5-15)。

4.3 根据现场实际情况,如键盘输入 1,点击【Enter】键结束。车内平面尸体变为立体(见图 5-16)。

图 5-14 选择【车内立体尸体】命令

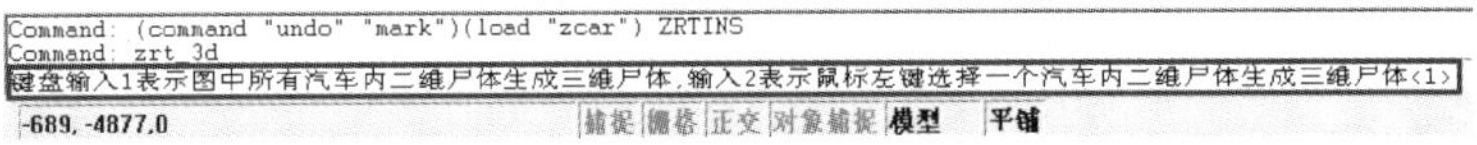

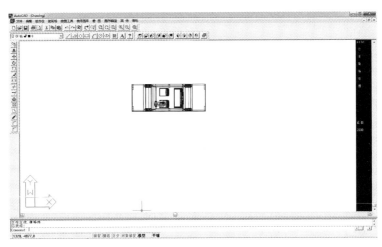

图 5-15 【车内立体尸体】命令行

图 5-16 车内平面尸体变为立体

5. 车门处理。

5.1 特殊情况下,可对汽车的车门进行处理。点击【其他】菜单下的【汽车案件】—【车门处理】命令（见图 5-17）。

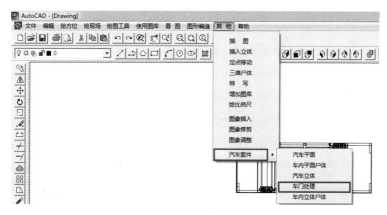

图 5-17 选择【车门处理】命令

5.2 此时鼠标变为小方块,命令行提示:请选择三维汽车(见图 5-18)。

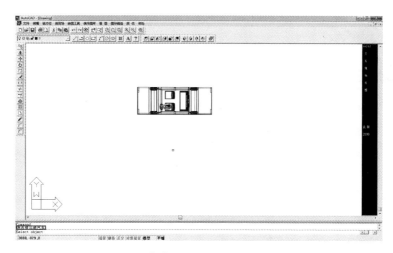

图 5-18 命令行提示:请选择三维汽车

5.3 将鼠标移动至三维汽车的边线上单击左键,命令行提示: 请输入数字,输入 1 表示左前车门,输入 2 表示左后车门,输入 3 表示右前车门,输入 4 表示右后车门,输入 5 表示前盖,输入 6 表示后盖, 输入负数表示反方向(见图 5-19)。

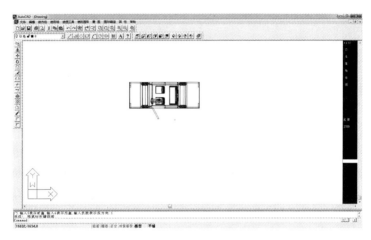

图 5-19　【车门处理】命令行

5.4　根据现场实际情况,如键盘输入 1,点击【Enter】键结束(见图 5-20)。

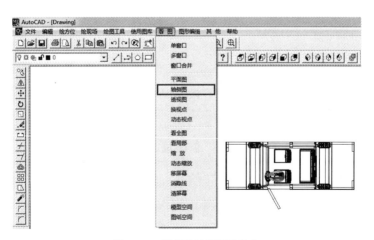

图 5-20　左前车门打开

5.5　如果要看立体结构图,点击【看图】菜单下【轴侧图】命令(见图 5-21)。

图 5-21　选择【轴侧图】命令

5.6   此时,可以看到汽车、尸体、车门已经变为立体(见图 5-22)。

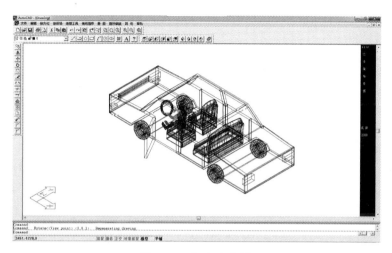

图 5-22   汽车立体图

5.7   消隐线:点击【看图】菜单下的【消隐线】命令(见图 5-23)。

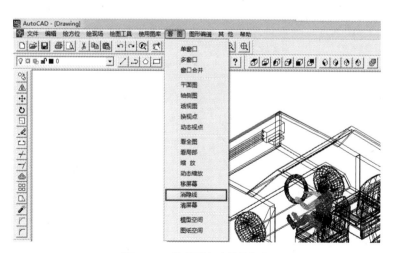

图 5-23   选择【消隐线】命令

5.8   消隐线后的汽车见图 5-24。

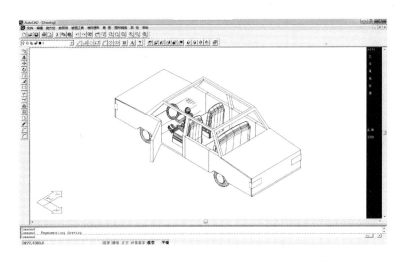

图 5-24　消隐线后的汽车

5.9　看完立体图,再回到平面图状态。点击【看图】菜单下的
【平面图】命令(见图 5-25),回到平面图状态(见图 5-26)。

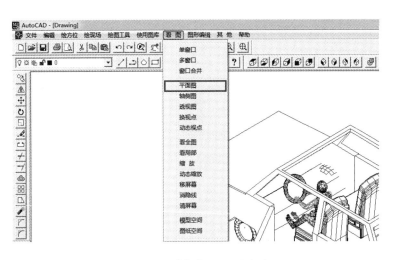

图 5-25　选择【平面图】命令

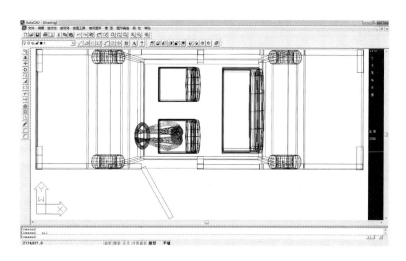

图 5-26　平面图

6. 生成图框文字。

6.1　点击【绘图工具】菜单下的【图框文字】命令(见图 5-27)。

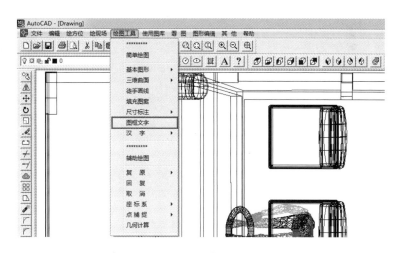

图 5-27　选择【图框文字】命令

6.2　命令行提示:第一点(见图 5-28)。

图 5-28 命令行的提示：第一点

6.3 移动鼠标至汽车平面图的左上角单击左键,命令行提示：第二点(见图 5-29)。

图 5-29 命令行提示：第二点

6.4 将鼠标从图形左上角拖动至右下角并单击左键,即可自动生成图框文字。此时会自动生成一个指北针和一个简要案情的表格,并弹出屏幕菜单(见图 5-30)。

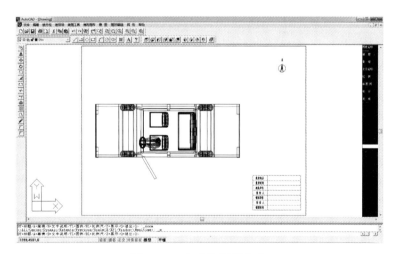

图 5-30 生成的图框文字

7. 输入标题。

7.1 点击屏幕菜单上的【标题】命令(见图 5-31)。

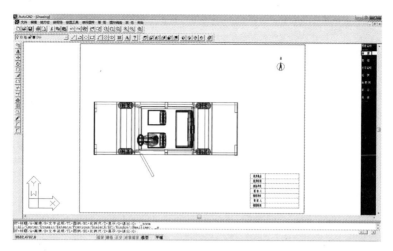

图 5-31　选择【标题】命令

7.2　命令行提示：标题文字说明。可以直接切换输入法输入标题：2016.5.20 汽车杀人案件现场图，点击【Enter】键结束（见图5-32）。

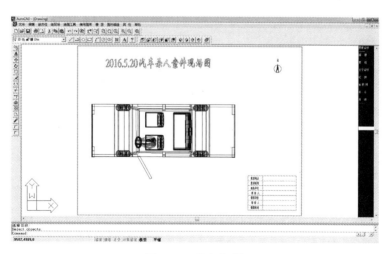

图 5-32　输入标题

8. 输入案情。

8.1　点击屏幕菜单【案情】命令（见图 5-33）。

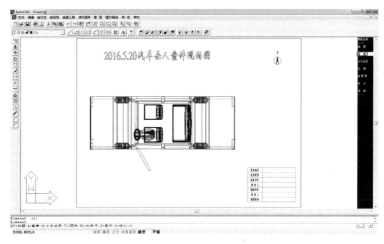

图 5-33　选择【案情】命令

8.2　点击工具栏 🔍 窗口缩放按钮,移动鼠标至简要案情表格的左上角单击左键并拖动鼠标至右下角单击左键,将简要案情部分放大。根据命令行提示,逐一输入:案发地点、案发时间、测绘单位、测绘人、制图单位、制图人、制图时间等内容,点击【Enter】键结束(见图 5-34)。

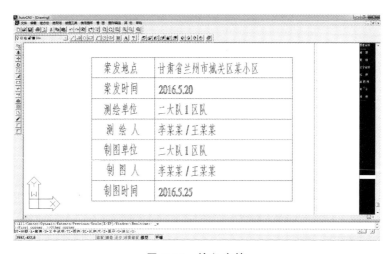

案发地点	甘肃省兰州市城关区某小区
案发时间	2016.5.20
测绘单位	二大队1区队
测 绘 人	李某某/王某某
制图单位	二大队1区队
制 图 人	李某某/王某某
制图时间	2016.5.25

图 5-34　输入案情

8.3　点击工具栏 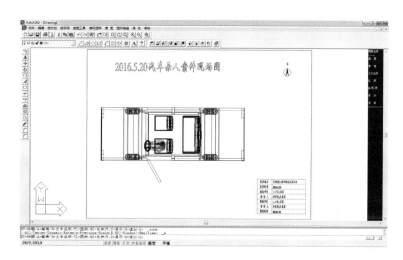 全图按钮，即可回到全图状态，案情内容全部输入（见图 5-35）。

图 5-35　案情输入结束

9. 标图例。

9.1　点击屏幕菜单【标图例】命令（见图 5-36）。

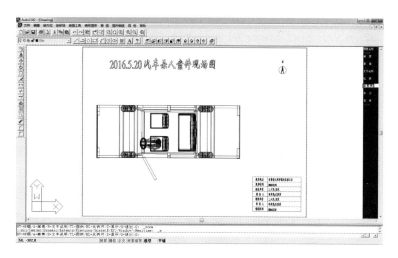

图 5-36　选择【标图例】命令

9.2 命令行提示:图例层数(见图 5-37)。

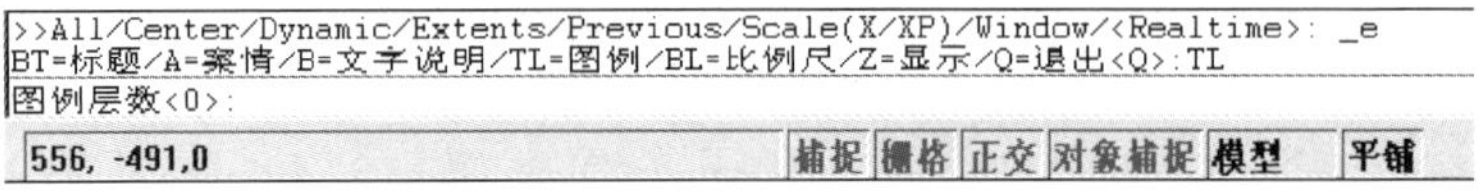

>>All/Center/Dynamic/Extents/Previous/Scale(X/XP)/Window/<Realtime>: _e
BT=标题/A=案情/B=文字说明/TL=图例/BL=比例尺/Z=显示/Q=退出<Q>:TL
图例层数<0>:
556, -491,0
捕捉 栅格 正交 对象捕捉 模型 平铺

图 5-37 命令行提示:图例层数

9.3 键盘输入 1,点击【Enter】键结束。自动生成一个图例表格,此时鼠标变为小方块,命令行提示:请选择图例(见图 5-38)。

AutoCAD - [Drawing]
2016.5.20汽车杀人案件现场图
Select object
4241, 806 ,0

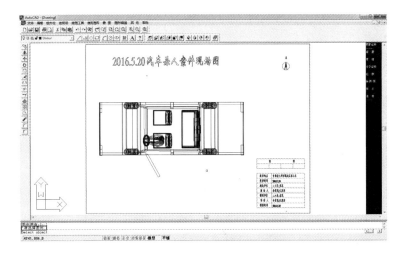

图 5-38 命令行提示:请选择图例

9.4 将鼠标移动至尸体的边线上单击左键,命令行提示:请选标示位置(见图 5-39)。

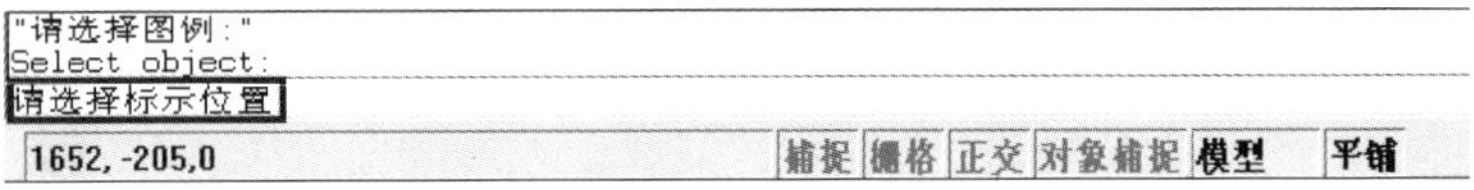

"请选择图例:"
Select object:
请选择标示位置
1652, -205,0
捕捉 栅格 正交 对象捕捉 模型 平铺

图 5-39 命令行提示:请选标示位置

9.5　将鼠标移动至尸体旁边的空白处单击左键,即可完成对图例的标示(见图 5-40)。

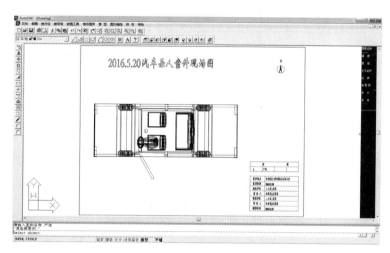

图 5-40　标好的图例

10.　比例尺。

10.1　点击屏幕菜单【比例】命令(见图 5-41)。

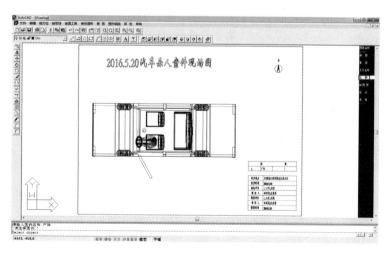

图 5-41　选择【比例】命令

10.2 命令行提示:自动测量比例＝1,用户给定比例＝2(见图 5-42)。

图 5-42 命令行提示:自动测量比例＝1,用户给定比例＝2

10.3 输入 1,点击【Enter】键。命令行提示:图幅(a3/a4)(见图 5-43)。

图 5-43 命令行提示:图幅(a3/a4)

10.4 直接点击【Enter】键。命令行提示:选插入图形(见图 5-44)。

图 5-44 命令行提示:选插入图形

10.5 将鼠标移动至汽车案件现场图上任意位置单击左键,命令行提示:比例尺基点(见图 5-45)。

图 5-45 命令行提示:比例尺基点

10.6 将鼠标移动至指北针下方空白处单击左键,即可插入比例尺(见图 5-46)。

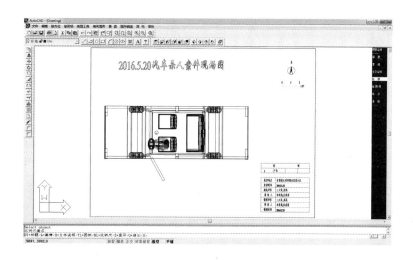

图 5-46　插入的比例尺

11. 保存。

11.1　点击【文件】菜单下的【存盘】命令(见图 5-47)。

图 5-47　选择【存盘】命令

11.2　弹出【Save Drawing As】对话框,输入文件名,点击【保存】即可(见图 5-48)。

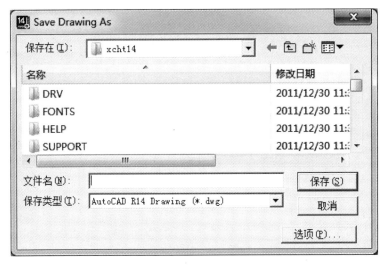

图 5-48 【Save Drawing As】对话框

五、实训作业

1. 绘制一个汽车案件现场平面图。

2. 根据教师布置的现场,使用 AutoCAD 软件绘制一份汽车案件现场平面图,并完成实训报告。

实训项目六　野外案件现场图的绘制

一、实训目的

1. 掌握 AutoCAD 软件的基本操作方法。

2. 掌握野外案件现场的绘制方法。

3. 掌握 AutoCAD 软件野外案件现场绘制基本功能的使用。

二、实训条件

安装有 AutoCAD 软件(现场绘图新世纪超强版软件:由沈阳德为

天地软件有限公司开发的公安案件现场计算机绘图系统）的计算机。

三、实训方法

1.学生以班为单位，独立完成实训。

2.教师布置现场，学生按照绘图要求使用 AutoCAD 软件完成野外案件现场图的绘制。

四、实训步骤与方法

1.绘制野外现场范围。

1.1 首先绘制野外现场的范围，将鼠标移动至工具栏第二行 矩形按钮上，此按钮右下角显示该按钮的功能为【矩形】（见图 6-1）。

图 6-1 【矩形】按钮

1.2 点击 矩形按钮，命令行提示：First corner（见图 6-2）。

图 6-2 命令行提示：First corner

1.3 将鼠标移动至绘图区左上角单击左键，命令行提示：Other corner（见图 6-3）。

图 6-3 命令行提示：Other corner

1.4 移动鼠标至绘图区域右下角单击左键,即可绘制出现场范围(见图 6-4)。

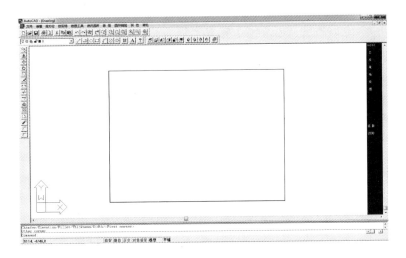

图 6-4 现场范围

2. 绘制小路。

2.1 点击【绘图工具】菜单下的【徒手画线】命令(见图 6-5)。

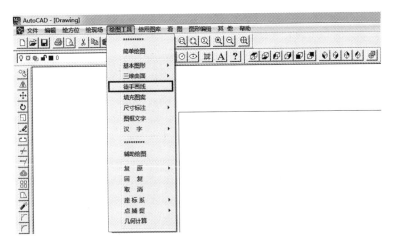

图 6-5 选择【徒手画线】命令

2.2 从矩形一侧至另一侧拖动鼠标绘制出小路的一边,点击右键退出(见图 6-6)。

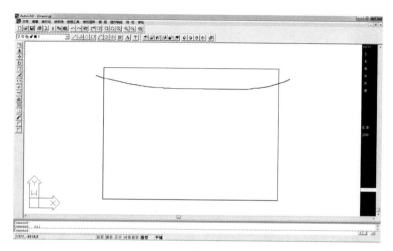

图 6-6 绘制小路一条边

2.3 用上述 2.1—2.2 的方法绘制路的另一边。注意:有交叉路口时,一定要一笔画完,不可以断断续续(见图 6-7)。

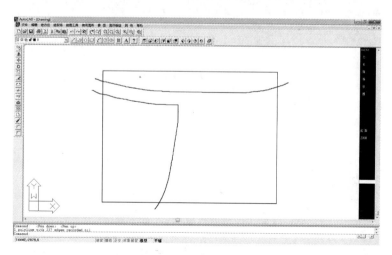

图 6-7 交叉路口的绘制

2.4 绘制完毕的道路见图 6-8。

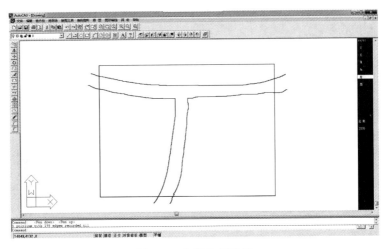

图 6-8   小路绘制完毕

3．水塘边界的绘制。

3.1   将鼠标移动至工具栏第二行 多义线按钮上，此按钮右下角显示其功能为【多义线】(见图 6-9)。

图 6-9   【多义线】按钮

3.2   点击 多义线按钮，命令行提示：From point(见图 6-10)。

图 6-10   命令行提示：From point

3.3   在需要绘制水塘的地方单击鼠标左键，命令行提示：Endpoint of line。此时移动鼠标，可以拉出一条线(见图 6-11)。

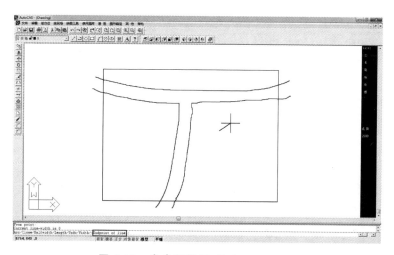

图 6-11 命令行提示：Endpoint of line

3.4 移动鼠标到一定的位置单击左键，命令行继续提示：Endpoint of line，继续移动鼠标直到水塘的整个形状出现，使最后一点与第一点首尾连接，图 6-12 为绘制好的水塘。

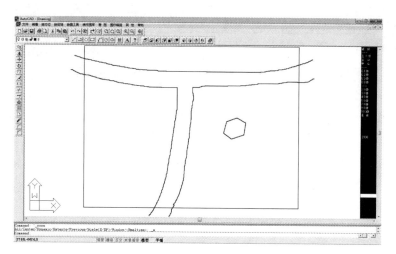

图 6-12 绘制好的水塘

4．插入尸体。

4.1 点击【使用图库】菜单下的【尸体】—【女尸】命令（见图 6-13）。

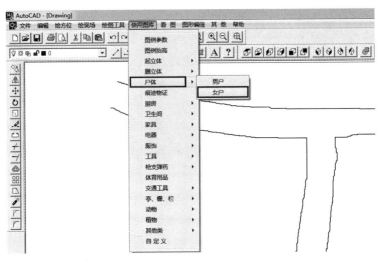

图 6-13　选择【女尸】命令

4.2　桌面弹出【选择图例】对话框,选择其中一种尸体姿势,点击【确认】退出(见图 6-14)。

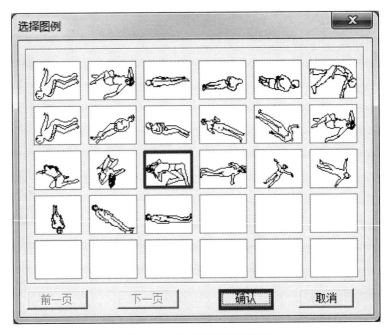

图 6-14　【女尸】图例对话框

4.3　鼠标变为尸体的形状,命令行提示:左键确定插入点(见图 6-15)。

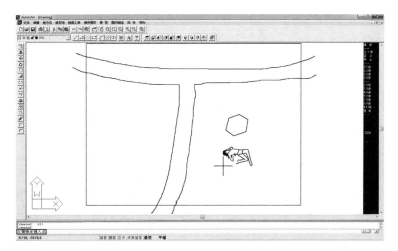

图 6-15　命令行提示:左键确定插入点

4.4　将鼠标移动到合适的位置单击左键,命令行提示:左键确定旋转角度,右键表示旋转角度为 0(见图 6-16)。

图 6-16　命令行提示:左键确定旋转角度,右键表示旋转角度为 0

4.5　此时移动鼠标到合适的角度,点击左键即可确定;如果不旋转角度,直接点击右键即可。此时又会弹出【选择图例】对话框,点击【取消】退出(见图 6-17)

4.6　图 6-18 为插入的尸体。

4.7　插入的尸体也必须用上述 3.1—3.4 的方法用【多义线】命令圈起来(见图 6-19)。

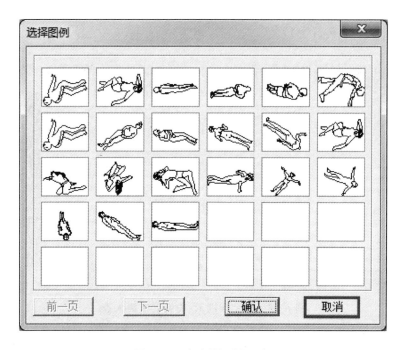

图 6-17　点击【取消】退出

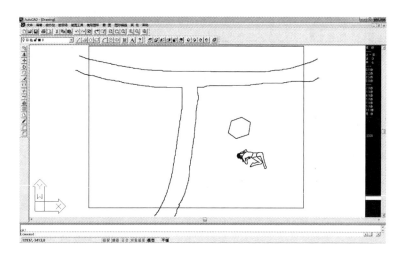

图 6-18　插入的尸体

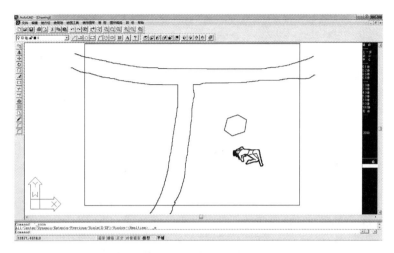

图 6-19　尸体周围绘制多义线

5. 填充水塘中的"水"。

5.1　点击【绘图工具】菜单下的【填充图案】命令（见图 6-20）。

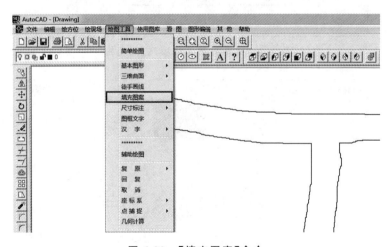

图 6-20　【填充图案】命令

5.2　弹出【边界剖面线填充】对话框，点击【R 式样】（见图 6-21）。

5.3　弹出【Hatch pattern palette】对话框，其中有多种填充样式。点击左侧一列，右侧即显示多种填充样式（见图 6-22、图 6-23）。

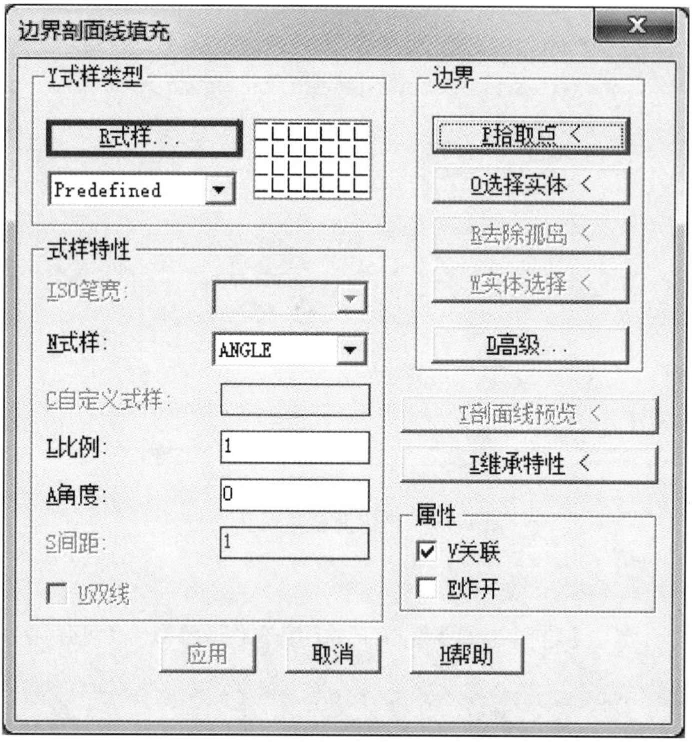

图 6-21 【边界剖面线填充】对话框

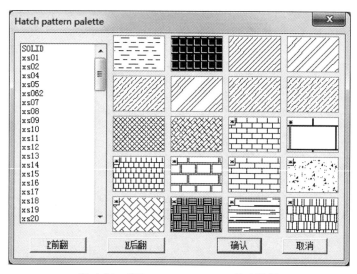

图 6-22 【Hatch pattern palette】对话框

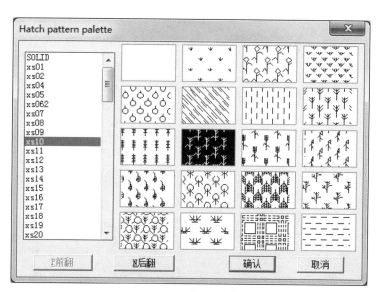

图 6-23　选择样式

5.4　选择要填充的样式单击左键,然后点击【确认】(见图 6-24)。

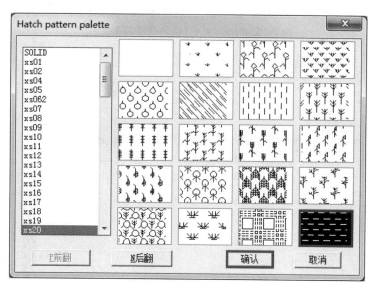

图 6-24　选择"水"的样式

5.5　弹出【边界剖面线填充】对话框,点击【O 选择实体】(见图 6-25)。

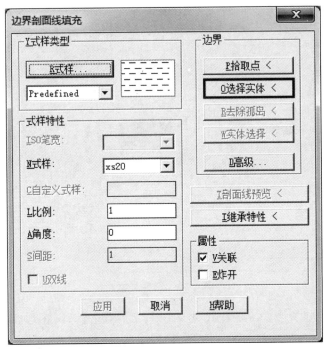

图 6-25 点击【O选择实体】

5.6 此时鼠标变为小方块。将鼠标移动至要填充"水"的边界线上单击左键,边界线就会变成虚线,命令行提示:1 found,说明选择成功(见图 6-26)。

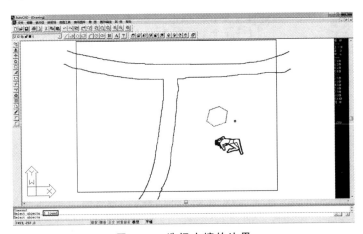

图 6-26 选择水塘的边界

5.7 单击右键退出选择,弹出【边界剖面线填充】对话框,此时要设置填充的"水"在边界线中的比例,将鼠标移动至比例框内,输入合适的比例,点击【T剖面线预览】(见图6-27)。

图 6-27 输入【比例】大小

5.8 此时从看到的工作界面可以看出填充的"水"是否合适,点击【继续】(见图6-28)。

5.9 弹出【边界剖面线填充】对话框,如果比例不合适,重新输入比例大小,点击【T剖面线预览】按钮后预览;如果比例合适,点击【应用】按钮(见图6-29)。

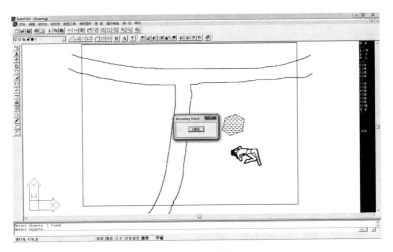

图 6-28　预览

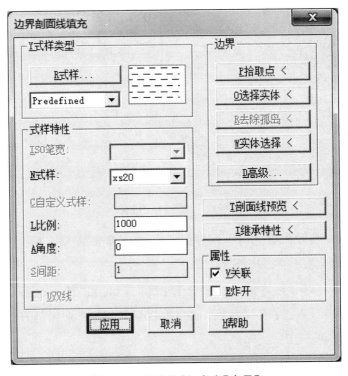

图 6-29　确定比例，点击【应用】

6. 填充庄稼。

6.1　点击【绘图工具】菜单下的【填充图案】命令（见图6-20）。

6.2　弹出【边界剖面线填充】对话框，点击【R式样】（见图6-21）。

6.3　弹出【Hatch pattern palette】对话框（见图6-22），其中有多种填充样式。选择合适的样式，点击【确认】（见图6-30）。

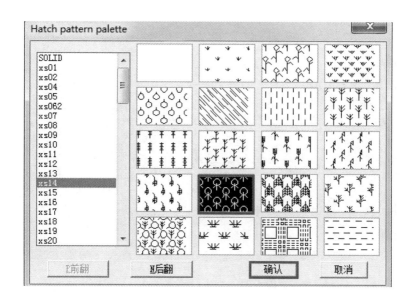

图6-30　【Hatch pattern palette】对话框

6.4　弹出【边界剖面线填充】对话框，点击【P拾取点】（见图6-31）。

6.5　命令行提示：Select internal point（见图6-32）。

6.6　此时将鼠标移动至要添加"庄稼"的空白区域单击左键，边界线就会变成虚线（说明选择成功）（见图6-33）。

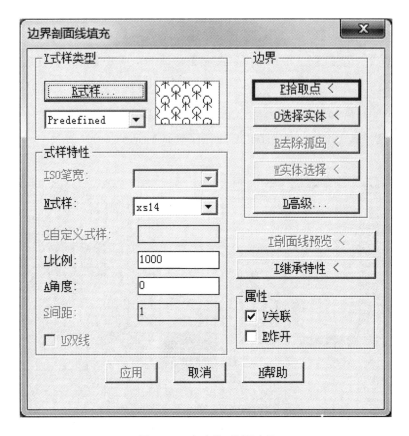

图 6-31　点击【P 拾取点】

```
Command:  nil
Command:
Select internal point
5816,1136 ,0                    捕捉 栅格 正交 对象捕捉 模型   平铺
```

图 6-32　命令行提示：Select internal point

6.7　选择命令结束，单击鼠标右键退出，弹出【边界剖面线填充】对话框，此时要设置所填充的【庄稼】在边界线中的比例，将鼠标移动至比例框内，输入合适的比例，点击【T 剖面线预览】（见图6-34）。

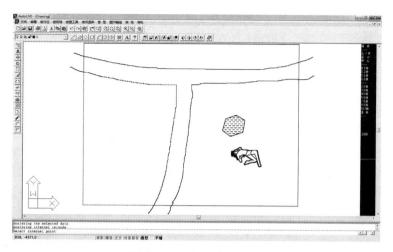

图 6-33 选择庄稼的边界

图 6-34 T 剖面线预览

6.8 预览觉得比例合适，点击【继续】(见图 6-35),然后又会弹出【边界剖面线填充】对话框,点击【应用】(见图 6-36)。

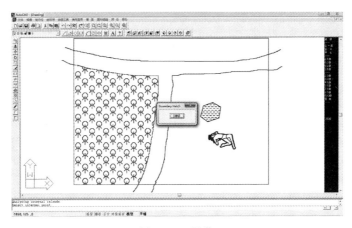

图 6-35　预览

图 6-36　点击【应用】

7. 按照上述 6.1—6.8 的方法，参照现场情况，将其他空白区域填充不同的图案（见图 6-37）。

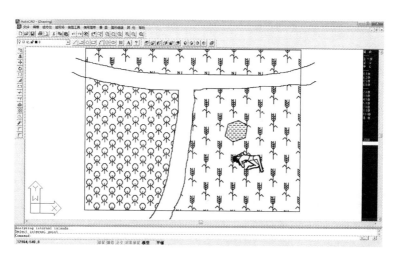

图 6-37　填充图案结束

8. 删除边界。

8.1　点击【图形编辑】菜单下面的【删除】命令（见图 6-38）。

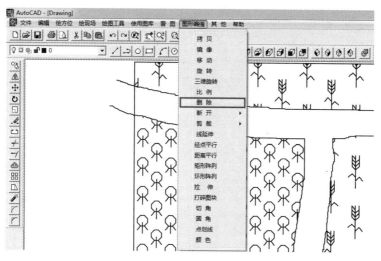

图 6-38　选择【删除】命令

8.2 此时鼠标变为小方块,命令行提示:选择目标(见图6-39)。

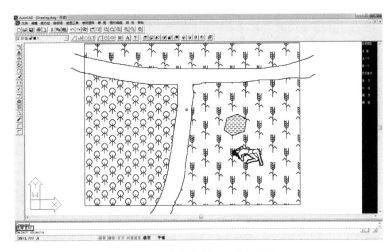

图 6-39 命令行提示:选择目标

8.3 将鼠标移动至要删除的边界线上单击左键,边界线就会变为虚线,命令行提示:1 found,表明边界已被选择(见图6-40)。

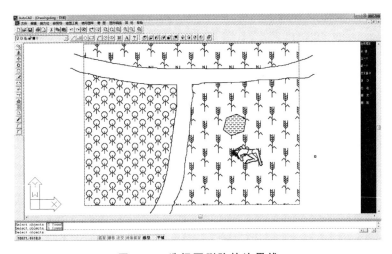

图 6-40 选择要删除的边界线

8.4 单击鼠标右键确认删除(见图 6-41)。

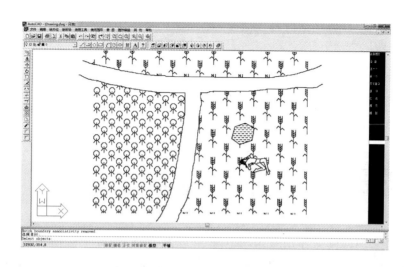

图 6-41 边界线删除

9. 生成图框文字。

9.1 点击【绘图工具】菜单下面的【图框文字】命令(见图 6-42)。

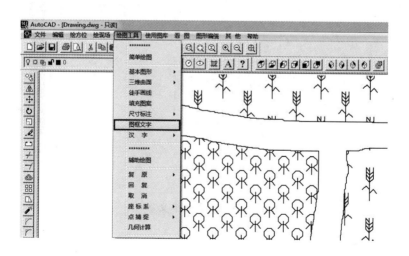

图 6-42 选择【图框文字】命令

9.2 命令行提示：第一点（见图 6-43）。

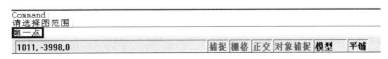

图 6-43 命令行提示：第一点

9.3 将鼠标移动至野外现场图左上角单击左键。命令行提示：第二点（见图 6-44）。

图 6-44 命令行提示：第二点

9.4 将鼠标移动至图形右下角单击左键，即可生成图框文字。此时绘图区自动生成一个指北针和一个简要案情的表格，并在右侧弹出屏幕菜单（见图 6-45）。

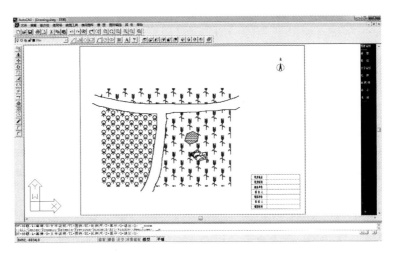

图 6-45 生成图框文字

10. 输入标题。

10.1 点击屏幕菜单上的【标题】命令（见图 6-46）。

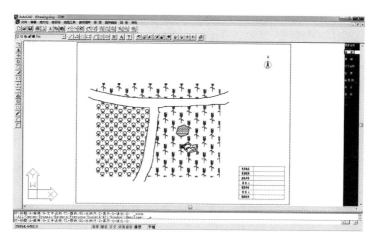

图 6-46 选择【标题】命令

10.2 命令行提示:标题文字说明(见图 6-47)。

图 6-47 命令行提示:标题文字说明

10.3 直接切换输入法,输入"2016.6.18 野外杀人案件现场平面图"(见图 6-48)。

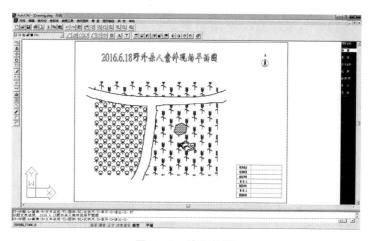

图 6-48 输入标题

11. 输入案情。

11.1 点击屏幕菜单上的【案情】命令(见图 6-49)。

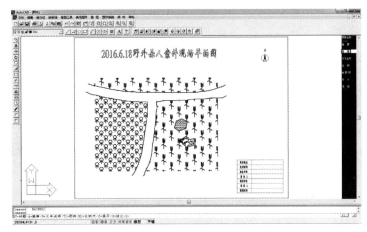

图 6-49 选择【案情】命令

11.2 命令行提示:案发地点(见图 6-50)。

图 6-50 命令行提示:案发地点

11.3 点击工具栏  窗口缩放按钮,命令行提示:First corner (见图 6-51)。将鼠标移动至简要案情表格的左上角单击左键,命令行提示:Other corner(见图 6-52)。移动鼠标至简要案情表格右下角后单击左键,即可将简要案情表格局部放大(见图 6-53)。

图 6-51 命令行提示:First corner

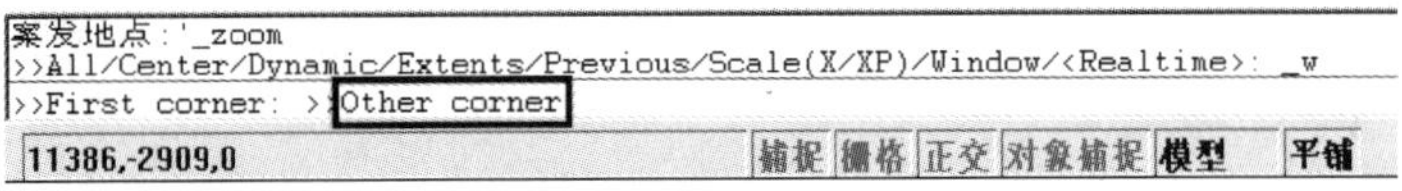

图 6-52 命令行提示:Other corner

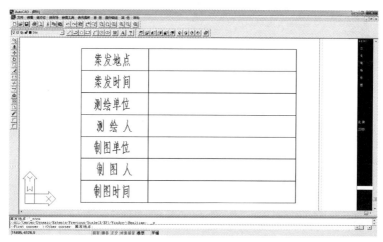

图 6-53 放大后的案情

11.4 命令行继续提示：案发地点。切换输入法，依次输入：案发地点、案发时间、测绘单位、测绘人、制图单位、制图人、制图时间等内容，点击【Enter】键结束（见图 6-54）。

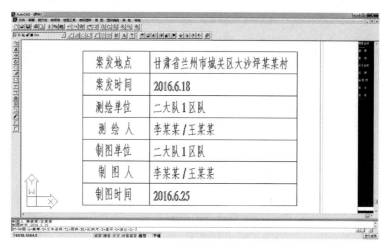

图 6-54 案情输入结束

11.5 点击工具栏 ⊕ 全图按钮，回到全图状态。

12. 标图例。

12.1 点击屏幕菜单【标图例】命令（见图 6-55）。

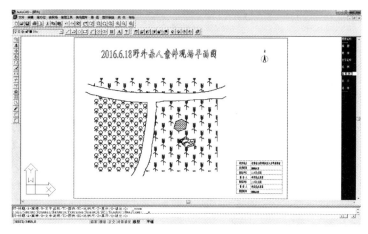

图 6-55　选择【标图例】命令

12.2　命令行提示：图例层数（见图 6-56）。

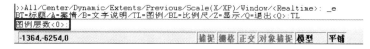

图 6-56　命令行提示：图例层数

12.3　键盘输入 1，点击【Enter】键结束。自动生成一个图例表格。鼠标变为小方块，命令行提示：请选择图例（见图 6-57）。

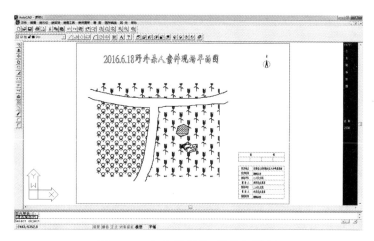

图 6-57　命令行提示：请选择图例

12.4　将鼠标移动至尸体边线上单击左键,命令行提示:请选择标示位置(见图 6-58)。

图 6-58　命令行提示:请选择标示位置

12.5　将鼠标移动至尸体旁边的空白处单击左键,即标记完成一个图例。单击鼠标右键退出【标图例】命令(见图 6-59)。

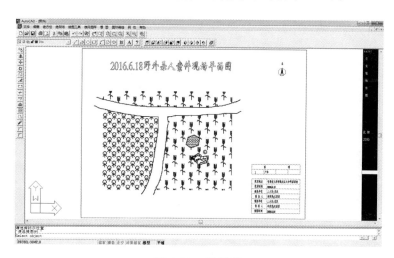

图 6-59　标图例

13. 比例尺。

13.1　点击屏幕菜单【比例】命令(见图 6-60)。

13.2　命令行提示:自动测量=1,用户给定比例=2(见图 6-61)。

13.3　键盘输入 1,点击【Enter】键。命令行提示:图幅(a3/a4)(见图 6-62)。

13.4　直接点击【Enter】键,命令行提示:选插入图形(见图 6-63)。

2016.6.18野外杀人案件现场平面图

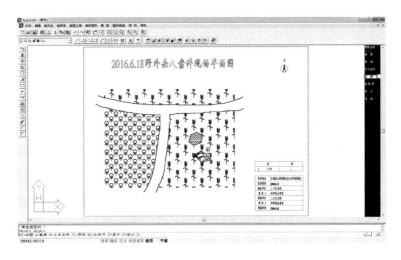

图 6-60　选择【比例】命令

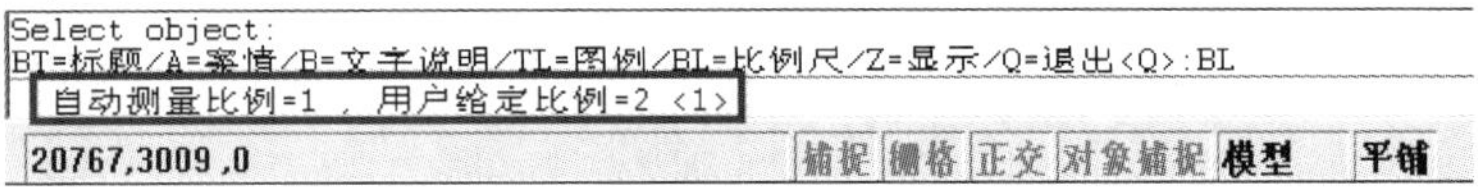

Select object:
BT=标题/A=案情/B=文字说明/TL=图例/BL=比例尺/Z=显示/Q=退出<Q>:BL
自动测量比例=1 ，用户给定比例=2 <1>
20767,3009 ,0
捕捉 栅格 正交 对象捕捉 模型 平铺

图 6-61　命令行提示：自动测量＝1，用户给定比例＝2

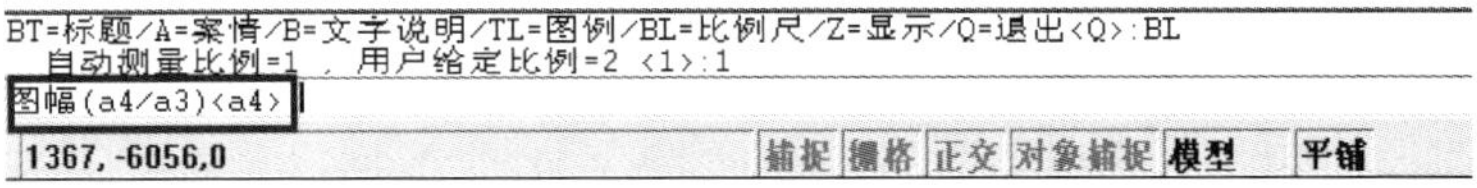

BT=标题/A=案情/B=文字说明/TL=图例/BL=比例尺/Z=显示/Q=退出<Q>:BL
自动测量比例=1 ，用户给定比例=2 <1>:1
图幅(a4/a3)<a4>
1367, -6056,0
捕捉 栅格 正交 对象捕捉 模型 平铺

图 6-62　命令行提示：图幅(a3/a4)

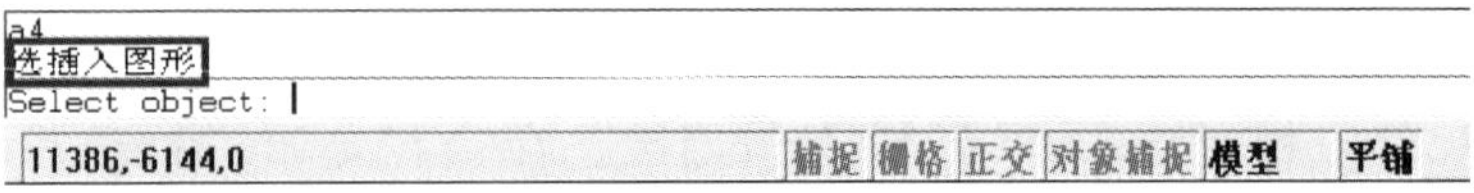

a4
选插入图形
Select object:
11386,-6144,0
捕捉 栅格 正交 对象捕捉 模型 平铺

图 6-63　命令行提示：选插入图形

13.5　将鼠标移动至野外案件现场图上任意位置单击左键，命令行提示：比例尺基点(见图 6-64)。

```
选插入图形:
Select object:
比例尺基点
3283,17 ,0                    辅捉 栅格 正交 对象辅捉 模型    平铺
```

图 6-64 命令行提示:比例尺基点

13.6 将鼠标移动至指北针下方空白处单击左键,即可生成比例尺(见图 6-65)。

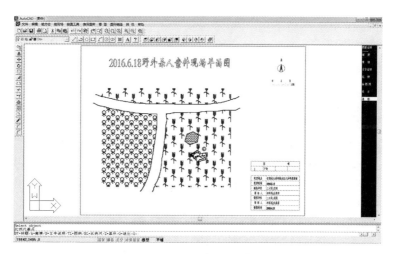

图 6-65 比例尺生成

14. 保存。

14.1 点击【文件】菜单下的【存盘】命令(见图 6-66)。

图 6-66 选择【存盘】命令

14.2　弹出【Save Drawing As】对话框，输入所绘制的现场平面图的文件名，点击【保存】按钮（见图 6-67）。

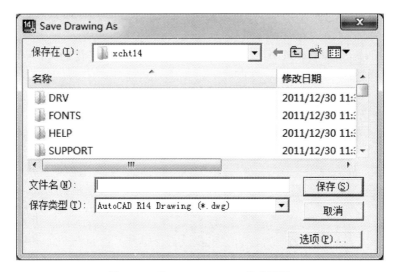

图 6-67　【Save Drawing As】对话框

五、实训作业

根据教师布置的现场，使用 AutoCAD 软件绘制一份野外案件现场平面图，并完成实训报告。

实训项目七　现场综合图的绘制

一、实训目的

1. 掌握 AutoCAD 软件的基本操作方法。
2. 掌握现场综合图的绘制方法。

二、实训条件

安装有 AutoCAD 软件（现场绘图新世纪超强版软件：由沈阳德为

天地软件有限公司开发的公安案件现场计算机绘图系统）的计算机。

三、实训方法

1. 学生以班为单位，独立完成实训。

2. 教师布置现场，学生按照绘图要求使用 AutoCAD 软件完成综合图的绘制。

四、实训基础知识

现场综合图是综合运用多种绘图手段绘制的一种现场图。主要由现场方位图、现场平面图、现场立体图、现场剖面图等组成。

五、实训步骤与方法

1. 设置参数。

1.1　设置现场图的参数。点击【文件】菜单下面的【现场图参数】命令（见图 7-1）。

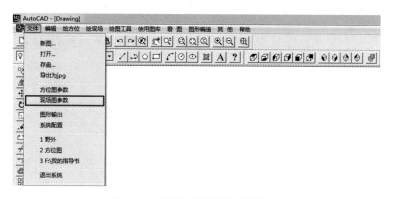

图 7-1　选择【现场图参数】命令

1.2　弹出【绘制墙参数】对话框。设置墙的参数及图的范围（见图 7-2）。

图 7-2 【绘制墙参数】对话框

1.3　设置现场方位的参数。点击【文件】菜单下面的【方位图参数】命令（见图 7-3）。

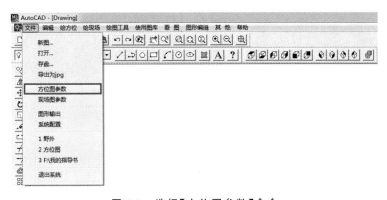

图 7-3 选择【方位图参数】命令

1.4　弹出【绘制道路参数】对话框。设置室外道路的参数及图的范围（见图 7-4）。

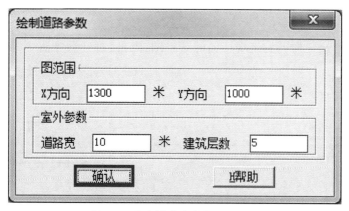

图 7-4 【绘制道路参数】对话框

2. 插入现场平面图。

2.1 点击【其他】菜单下的【插图】命令(见图 7-5)。

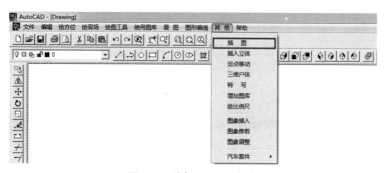

图 7-5 选择【插图】命令

2.2 弹出【图名】对话框(见图 7-6)。

图 7-6 【图名】对话框

2.3　通过拖动列表右侧的滚动条选择要插入的现场图单击左键，此时右侧预览框可见该现场图的缩略图，点击【打开】（见图 7-7）。

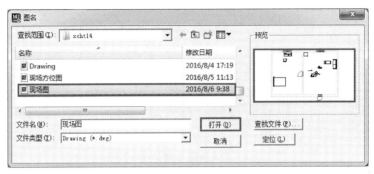

图 7-7　选择要插入的现场图

2.4　此时命令行提示：放大倍数（见图 7-8）。

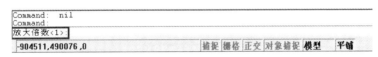

图 7-8　命令行提示：放大倍数

2.5　在命令行输入 1，表示保持原现场图的大小；输入 0.5，表示插入 0.5 倍大小的现场图，点击【Enter】键结束，鼠标变为现场图的形状，命令行提示：插入点（见图 7-9）。

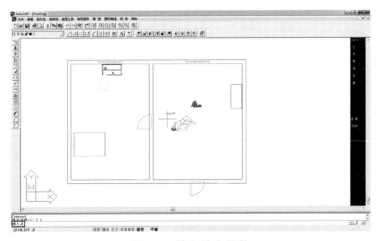

图 7-9　输入放大倍数

2.6 插入点指的是要插入现场图的位置,只需在空白工作区域单击鼠标左键即可插入现场图。如果认为插入的现场图比例太大,可以通过【图形编辑】菜单下的【比例】命令改变现场图的大小(见图7-10、图 7-11)。

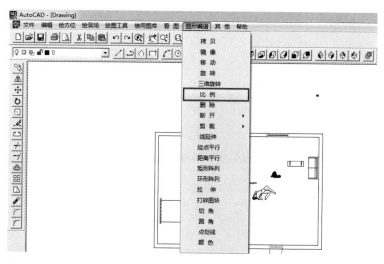

图 7-10 【比例】命令

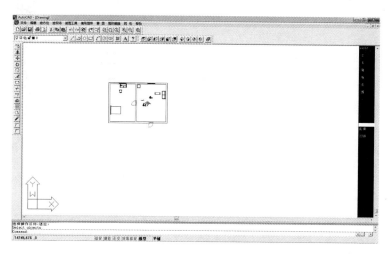

图 7-11 缩放后的现场图

3．插入现场立体图。

3.1　点击【其他】菜单下的【插入立体】命令（见图 7-12）。

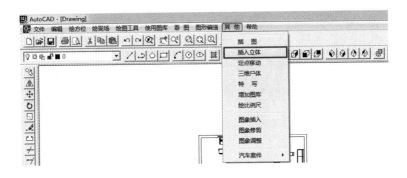

图 7-12　选择【插入立体】命令

3.2　右侧弹出屏幕菜单（见图 7-13）。

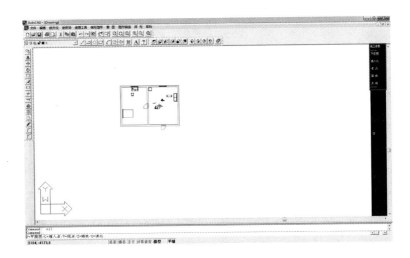

图 7-13　弹出屏幕菜单

3.3　点击屏幕菜单的【平面图】命令（见图 7-14）。

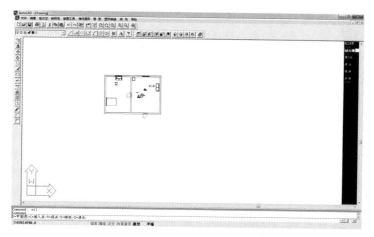

图 7-14 选择【平面图】命令

3.4 命令行提示:选择平面图(见图 7-15)。

图 7-15 命令行提示:选择平面图

3.5 将鼠标移动至平面图的边线上单击左键,整个现场图就变为虚线,命令行提示:1 found,表明已经选择平面图(见图 7-16)。

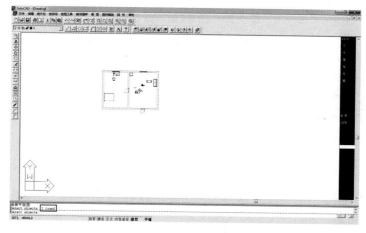

图 7-16 选择平面图

3.6 单击右键退出【选择】命令,命令行提示:基点(见图 7-17)。

图 7-17 命令行提示:基点

3.7 在现场图的中心单击鼠标左键即可,此时右侧继续弹出屏幕菜单,点击【插入点】命令(见图 7-18)。

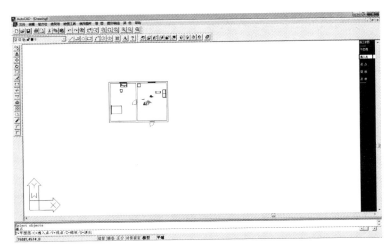

图 7-18 选择【插入点】命令

3.8 命令行提示:插入点(见图 7-19)。

图 7-19 命令行提示:插入点

3.9 插入点即插入现场立体图的位置,将鼠标移动至现场平面图右侧空白工作区单击左键,此时现场图右侧又出现一个相同的现场图(见图 7-20)。

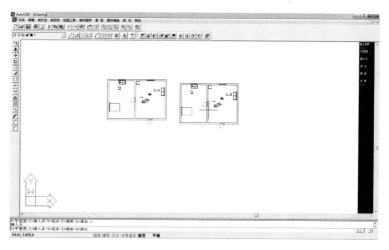

图 7-20　插入相同的现场图

3.10　点击屏幕菜单【视点】命令（见图 7-21）。

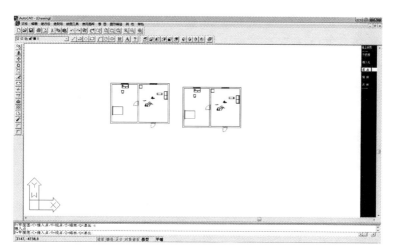

图 7-21　选择【视点】命令

3.11　命令行提示：视点角度（见图 7-22）。

插入点：
P=平面图 /C=插入点 /V=视点 /Z=缩放 /Q=退出：v
视点角度(+=逆时针,—=顺时针)<-45>：

-1394,-4894,0　　　　　捕捉 栅格 正交 对象捕捉 **模型** **平铺**

图 7-22　命令行提示：视点角度

3.12 键盘输入 45,点击【Enter】键即可见现场立体图(见图7-23)。

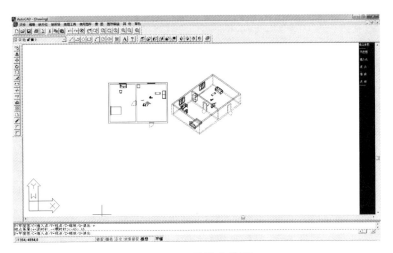

图 7-23 现场立体图

4.插入方位图。

4.1 点击【其他】菜单下的【插图】命令(见图 7-24)。

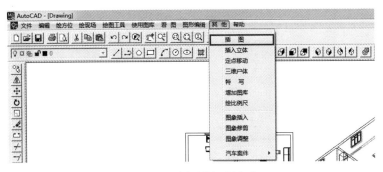

图 7-24 选择【插图】命令

4.2 弹出【图名】对话框,通过拖动列表右侧的滚动条选择要插入的现场图单击左键,此时右侧预览框可见该现场图的缩略图,点击【打开】(见图 7-25)。

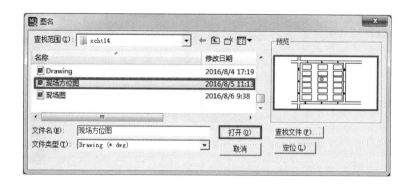

图 7-25　【图名】对话框

4.3　命令行提示：放大倍数。按照上述 2.4—2.5 的方法输入放大倍数，点击【Enter】键，此时鼠标变为所选择的方位图形状，命令行提示：插入点（见图 7-26）。

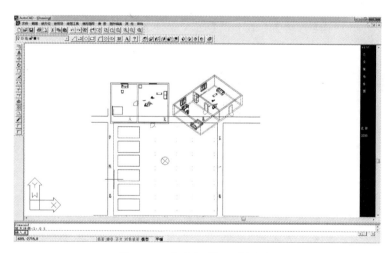

图 7-26　命令行提示：插入点

4.4　将鼠标移动至现场平面图下方空白处单击鼠标左键即可插入现场方位图（见图 7-27）。

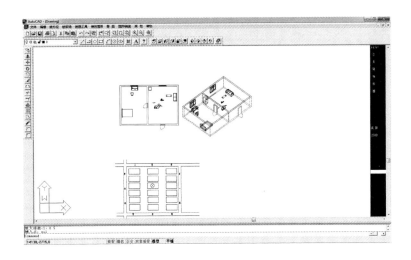

图 7-27　插入的现场方位图

5．插入方位立体图。

5.1　点击【其他】菜单下的【插入立体】命令（见图 7-28）。

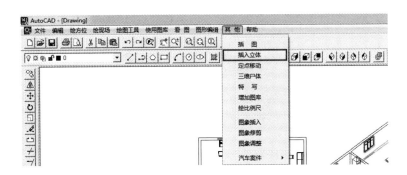

图 7-28　选择【插入立体】命令

5.2　右侧弹出屏幕菜单，点击【平面图】命令（见图 7-29）。

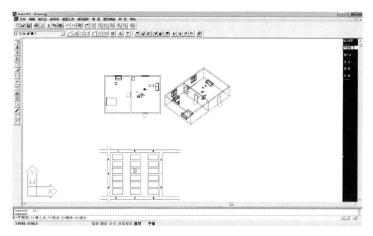

图 7-29 选择【平面图】命令

5.3 鼠标变为小方块,命令行提示:选择平面图(见图 7-30)。

图 7-30 命令行提示:选择平面图

5.4 将鼠标移动至插入的方位图边线上单击左键,方位图会变为虚线,命令行提示:1 found,表明该图已被选中(见图 7-31)。

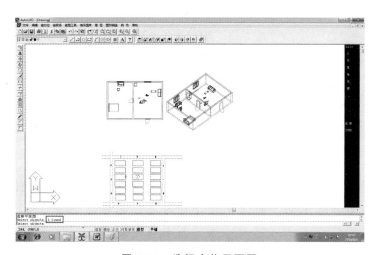

图 7-31 选择方位平面图

5.5　单击鼠标右键退出选择,此时命令行提示:基点(见图 7-32)。

图 7-32　命令行提示:基点

5.6　在现场图的中心单击鼠标左键即可,然后点击屏幕菜单【插入点】命令(见图 7-33)。

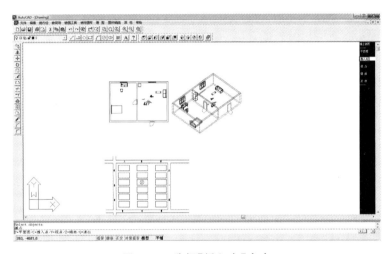

图 7-33　选择【插入点】命令

5.7　命令行提示:插入点(见图 7-34)。

图 7-34　命令行提示:插入点

5.8　将鼠标移动至要插入立体图的空白区域单击左键即可插入同样的现场方位图(见图 7-35)。

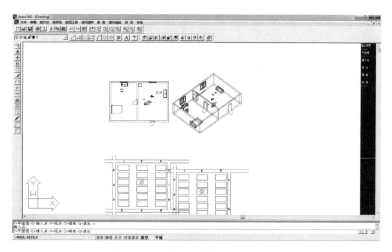

图 7-35　插入同样的现场方位图

5.9　点击屏幕菜单【视点】命令（见图 7-36）。

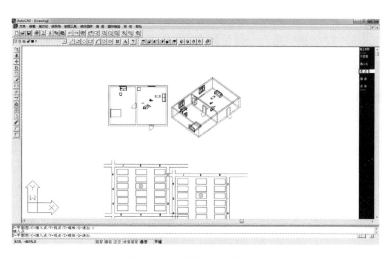

图 7-36　选择【视点】命令

5.10　命令行提示：视点角度（见图 7-37）。

图 7-37　命令行提示：视点角度

5.11 命令行输入 45,点击【Enter】键,即可见方位立体图(见图 7-38)。

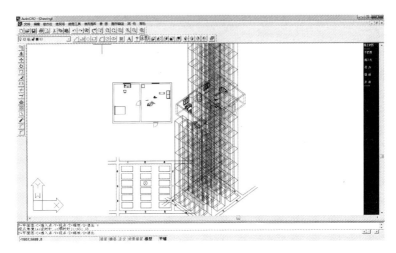

图 7-38 现场方位立体图

5.12 如果插入的方位立体图太大,可以使用【图形编辑】菜单下的【比例】命令调整到合适大小(见图 7-39)。

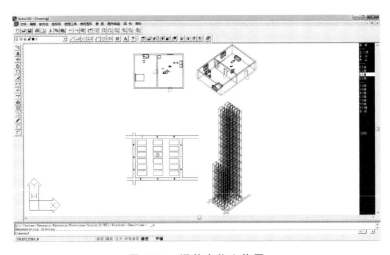

图 7-39 调整方位立体图

6. 创建特写框。

6.1　点击【其他】菜单下的【特写】命令（见图 7-40）。

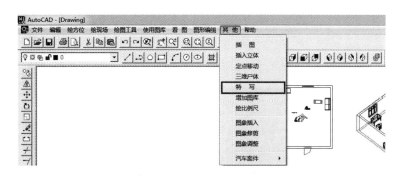

图 7-40　选择【特写】命令

6.2　命令行提示：圆形特写＝Y/方形特写＝F（见图 7-41）。

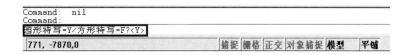

图 7-41　命令行提示：圆形特写＝Y/方形特写＝F

6.3　键盘输入 F，点击【Enter】键，命令行提示：插入基点（见图 7-42）。

图 7-42　命令行提示：插入基点

6.4　将鼠标移动至要插入特写框的现场平面图的中心部位单击左键。命令行提示：比例。此时移动鼠标可拉出一条线（见图 7-43）。

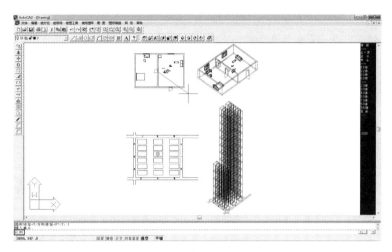

图 7-43　命令行提示:比例

6.5　将鼠标移动至与现场平面图的宽的一半长度相同距离的位置时单击左键即可生成一个特写框(见图 7-44)。

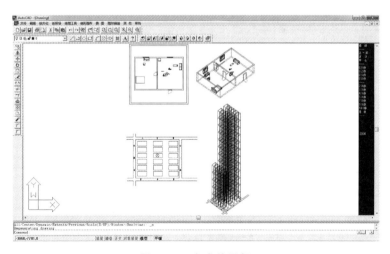

图 7-44　生成特写框

7. 拉伸特写框。

7.1　点击【图形编辑】菜单下的【拉伸】命令(见图 7-45)。

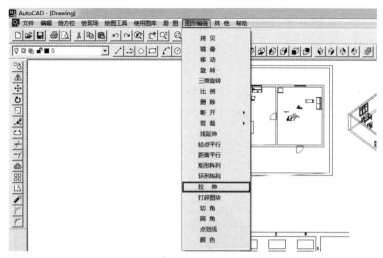

图 7-45　选择【拉伸】命令

7.2　命令行提示：First corner（见图 7-46）。

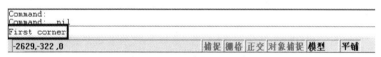

图 7-46　命令行提示：First corner

7.3　将鼠标移动至特写框右侧边框的上方单击左键，命令行提示：Other corner，此时移动鼠标可以拉出虚线框（见图 7-47）。

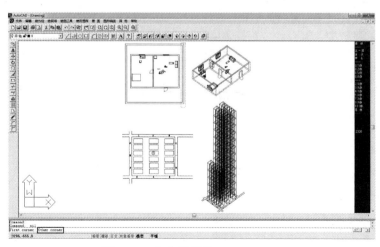

图 7-47　命令行提示：Other corner

7.4 移动鼠标至特写框右侧边框的下方单击左键,特写框变为虚线,命令行提示:1 found,表明已选择特写框(见图 7-48)。

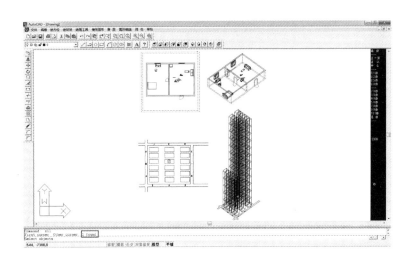

图 7-48 选择特写框

7.5 单击右键退出选择,命令行提示:Base point or displacement(见图 7-49)。

图 7-49 命令行提示:Base point or displacement

7.6 将鼠标移动至特写框右侧边框中间部位后单击左键,命令行提示:Second point or displacement,特写框右边框向右移动(见图 7-50)。

7.7 向右移动鼠标,到一定位置后单击左键,特写框即被拉伸(见图 7-51)。

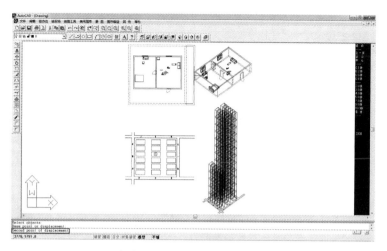

图 7-50 命令行提示:**Second point or displacement**

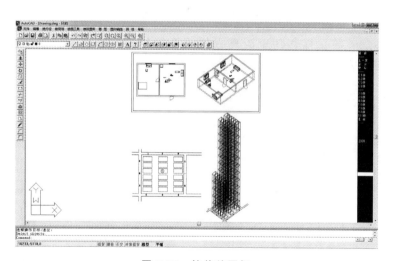

图 7-51 拉伸特写框

8. 特写。

8.1 将鼠标移动至特写框上单击左键,边框上出现蓝色小方块(见图 7-52)。

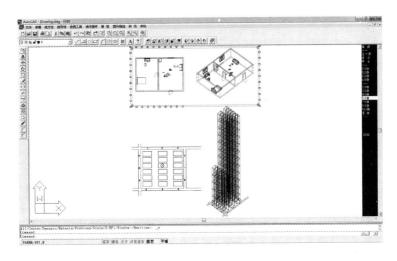

图 7-52 特写框上出现蓝色小方块

8.2 将鼠标移动至距离方位图最近的一个蓝色小方块上单击左键,蓝色方块变为红色,此时移动鼠标至方位图上的出事点位置单击左键,即可形成特写(见图 7-53)。

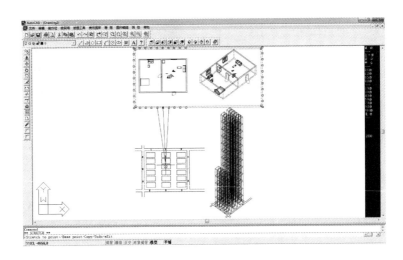

图 7-53 生成特写

9. 生成图框文字。

9.1　点击【绘图工具】菜单下的【图框文字】命令(见图 7-54)。

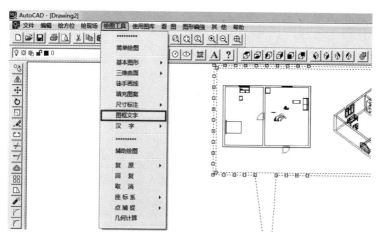

图 7-54　选择【图框文字】命令

9.2　命令行提示:第一点(见图 7-55)。

图 7-55　命令行提示:第一点

9.3　将鼠标移动至整个综合图左上角位置单击左键,命令行提示:第二点(见图 7-56)。

图 7-56　命令行提示:第二点

9.4　将鼠标移动至整个综合图右下角位置单击左键,即可生成图框文字。此时绘图区自动生成一个指北针和一个简要案情的表格,并弹出屏幕菜单(见图 7-57)。

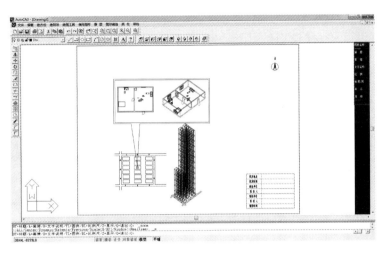

图 7-57　生成图框文字

10. 输入标题。

10.1　点击屏幕菜单的【标题】命令（见图 7-58）。

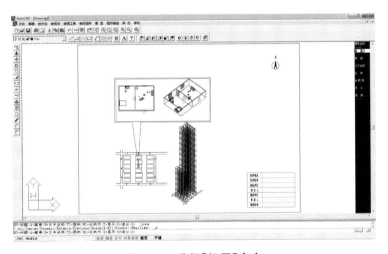

图 7-58　选择【标题】命令

10.2　命令行提示：标题文字说明。切换输入法,输入：2016.3.21
杀人案件现场综合图（见图 7-59）。

2016.3.21杀人案件现场综合图

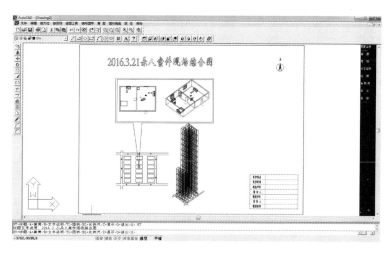

图 7-59 输入标题

10.3 输入案情:点击屏幕菜单【案情】命令(见图 7-60)。

2016.3.21杀人案件现场综合图

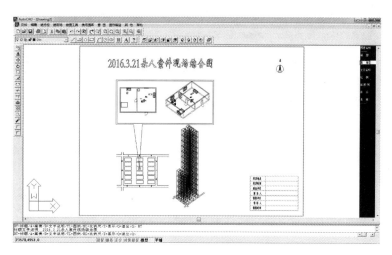

图 7-60 选择【案情】命令

10.4 命令行提示:案发地点(见图 7-61)。

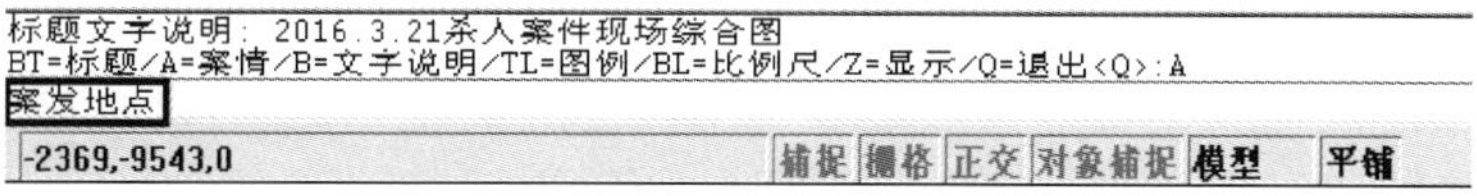

标题文字说明: 2016.3.21杀人案件现场综合图
BT=标题/A=案情/B=文字说明/TL=图例/BL=比例尺/Z=显示/Q=退出<Q>:A
案发地点
-2369,-9543,0
捕捉 栅格 正交 对象捕捉 模型 平铺

图 7-61 命令行提示:案发地点

　　10.5　点击工具栏 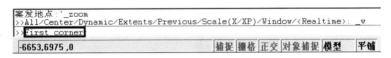 窗口缩放按钮,命令行提示:First corner
(见图 7-62)。将鼠标移动至简要案情表格的左上角单击左键,命令
行提示:Other corner(见图 7-63)。移动鼠标至简要案情表格右下角
单击左键,即可将简要案情表格局部放大(见图 7-64)。

图 7-62　命令行提示:First corner

图 7-63　命令行提示:Other corner

图 7-64　放大后的案情

　　10.6　根据命令行提示,依次输入:案发地点、案发时间、测绘单
位、测绘人、制图单位、制图人、制图时间等内容,点击【Enter】键结束
(见图 7-65)。

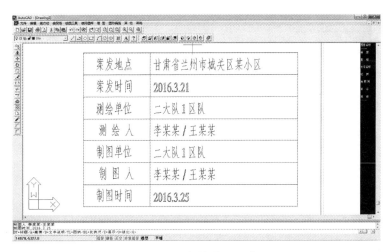

图 7-65 案情输入结束

10.7 点击工具栏 ⊕ 全图按钮,回到全图状态。

11. 标图例。

11.1 点击屏幕菜单【标图例】命令(见图 7-66)。

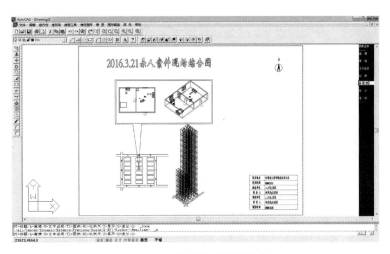

图 7-66 选择【标图例】命令

11.2 命令行提示:图例层数(见图 7-67)。

图 7-67 命令行提示:图例层数

11.3 键盘输入 2,点击【Enter】键结束。自动生成一个图例表格。此时鼠标变为小方块,命令行提示:请选择图例(见图 7-68)。

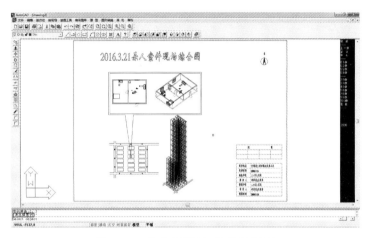

图 7-68 命令行提示:请选择图例

11.4 将鼠标移动至现场平面图的边线上单击左键,命令行提示:请选择标示位置(见图 7-69)。

图 7-69 命令行提示:请选择标示位置

11.5 将鼠标移动至现场平面图旁边的空白处单击左键,命令行提示:请输入图例名称(见图 7-70)。

图 7-70 命令行提示:请输入图例名称

11.6 输入图例的名称：现场平面图，点击【Enter】键，即标记完成一个图例。按照上述 11.4—11.5 的方法完成对所有图例的标注，单击鼠标右键退出【标图例】命令（见图 7-71）。

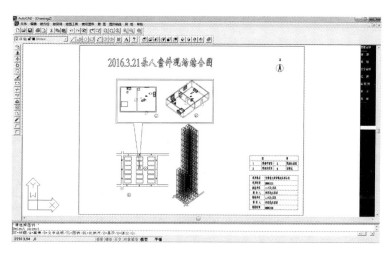

图 7-71 标图例

12. 比例尺。

12.1 点击屏幕菜单【比例】命令（见图 7-72）。

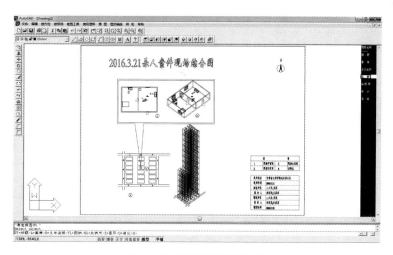

图 7-72 选择【比例】命令

12.2 命令行提示:自动测量＝1,用户给定比例＝2(见图7-73)。

图 7-73 命令行提示:自动测量＝1,用户给定比例＝2

12.3 键盘输入1,点击【Enter】键。命令行提示:图幅(a3/a4)(见图7-74)。

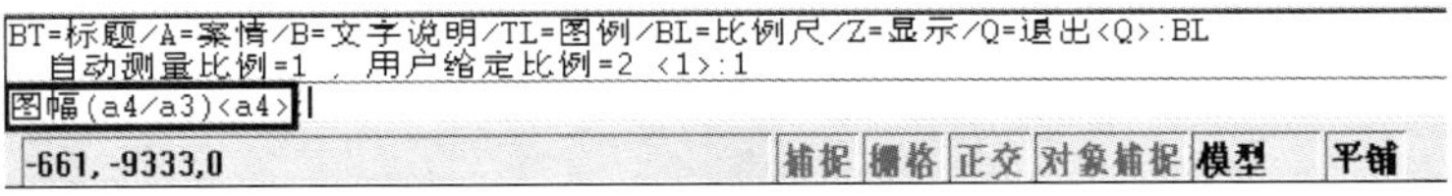

图 7-74 命令行提示:图幅(a3/a4)

12.4 直接点击【Enter】键,命令行提示:选插入图形(见图7-75)。

图 7-75 命令行提示:选插入图形

12.5 将鼠标移动至野外案件现场图上任意位置单击左键,命令行提示:比例尺基点(见图7-76)。

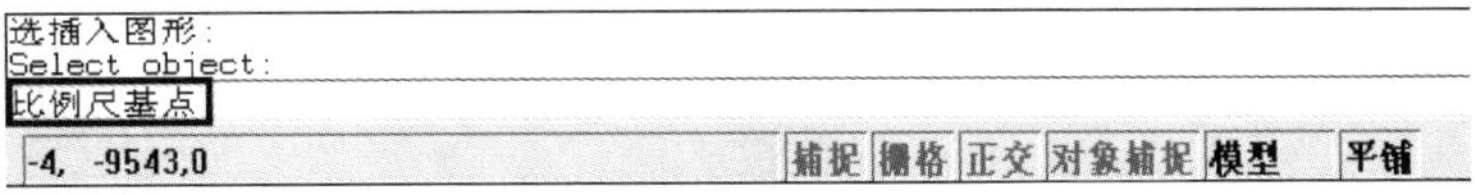

图 7-76 命令行提示:比例尺基点

12.6 将鼠标移动至指北针下方、现场图右侧空白处单击左键,即可生成现场图的比例尺(见图7-77)。

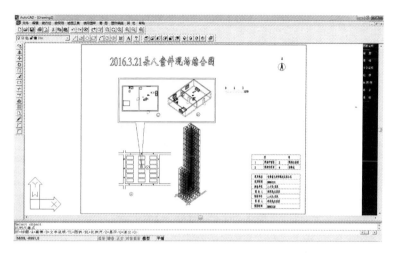

图 7-77 现场图比例尺

12.7 同理,按照上述 12.1—12.6 的方法为现场方位图自动添加比例尺(见图 7-78)。

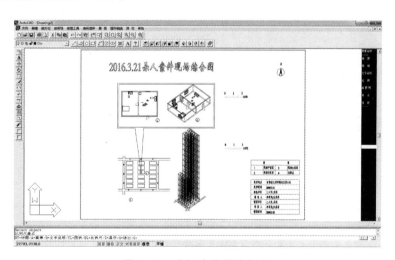

图 7-78 现场方位图比例尺

13. 保存。

13.1 点击【文件】菜单下的【存盘】命令(见图 7-79)。

图 7-79　点击【存盘】命令

13.2　弹出【Save Drawing As】对话框，输入所绘制的现场综合图的文件名，点击【保存】按钮（见图 7-80）。

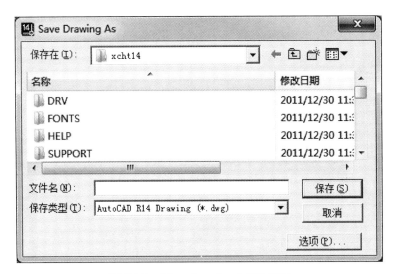

图 7-80　【Save Drawing As】对话框

六、实训作业

根据教师布置的现场，使用 AutoCAD 软件绘制一份现场综合图，并完成实训报告。

主要参考文献

［1］马忠红主编:《侦查学总论》,中国人民公安大学出版社 2009 年版。

［2］高春兴、苑军辉、邹荣合主编:《犯罪现场勘查》(2013 年修订本),中国人民公安大学出版社 2013 年版。

［3］郝宏奎主编:《犯罪现场勘查》,中国人民公安大学出版社 2006 年版。

［4］沙贵君、陈志军主编:《犯罪现场勘查学》,中国人民公安大学出版社 2015 年版。

［5］马忠红、杨郁娟主编:《刑事侦查学》,中国人民公安大学出版社 2014 年版。